EINE SPURENSUCHE

Zwischen Riesling, Tahini und Pixeln

WARUM SICH MENSCHEN AM OBEREN
MITTELRHEIN ZUHAUSE FÜHLEN

Mareike Rabea Knevels

EINE SPURENSUCHE

Zwischen Riesling, Tahini und Pixeln

WARUM SICH MENSCHEN AM OBEREN
MITTELRHEIN ZUHAUSE FÜHLEN

Mareike Rabea Knevels

KOBLENZ, 2022

edition
Rhein-Zeitung

IMPRESSUM

AUTORIN
Mareike Rabea Knevels

AUFLAGE
1. Auflage Februar 2022, 160 Seiten
Auflagenhöhe 1500 Exemplare

VERLAG
Mittelrhein-Verlag Gmbh
Mittelrheinstraße 2-4, 56072 Koblenz

© **Alle Rechte sind der Autorin vorbehalten**

—

UMSCHLAGGESTALTUNG
Marie-Theres Birk

SATZ UND KONZEPTION
Marie-Theres Birk

ILLUSTRATIONEN
Mareike Rabea Knevels

SCHRIFT:
GT Sectra, GT America

DRUCK UND WEITERVERARBEITUNG:
Richter Druck & Medien Center GmbH & Co. KG, Elkenroth

PAPIER:
Umschlag – Lessebo Design 300 g/m²,
Inhalt – Lessebo Design Smooth 115 g/m²

—

ISBN 978-3-925180-40-8
PRINTED IN GERMANY

Zwischen Riesling, Tahini und Pixeln.

Das Wort **Riesling** steht symbolisch für das 500 Hektar große Weinbaugebiet Mittelrhein sowie für das Weltkulturerbe Oberes Mittelrheintal. Das Obere Mittelrheintal fesselt jedes Mal den Blick der Bahnfahrenden zwischen Koblenz und Mainz mit einem Staunen: Mittelalterliche Burgen, schroffe Schieferwände, terrassierte Hänge und der Rhein, der sich durch die Enge des Tals windet – ziehen nicht nur William Turner-Fans in den Bann. Dieses Tal ist auch der Ort meiner Recherche, die Heimat der Menschen, die in diesem Buch erzählen.

Tahini – auch Tahina oder Tahin ist eine Paste aus feingemahlenen Sesamkörnern. Sie stammt aus der arabischen Küche und ist eine Grundzutat von Hummus. Ob Spanier oder Schweden, ob eine Türkin oder eine Israelin – das Obere Mittelrheintal ist und war schon immer ein Ort verschiedener Nationalitäten, Religionen und Identitäten. Ob im Bösen oder Guten, alle hinterließen ihre Spuren, historische Zeugnisse und Erinnerungen. Der Tahini steht symbolisch für die Ferne, die dem Bekannten innewohnt. Diese Ferne ist immer auch ein Teil von uns.

Bleiben wir beim „Teil", genauer dem Teilchen oder dem Bildelement, dem **Pixel**. Jede Geschichte, die sich im Buch befindet, ist ein kleiner Teil eines großen Ganzen, welches das Wort Heimat zu zeigen versucht. Jedes Teilchen ist verbunden, mal lose, mal fest, und erzählt uns auch etwas über uns selbst.
Der Pixel selbst – in seiner rastergrafischen Definition – stellt lediglich eine Annäherung an die Wirklichkeit dar. Ähnlich versuchen es auch die Geschichten in diesem Buch: Sie versuchen sich dem Gefühl „Heimat" zu nähern und es ein Stück weit fassbar zu machen.

Für alle Heimatsuchenden,
Heimatfindenden und
die, die irgendwo dazwischen
stehen — das ist der Ort, an
dem wir uns begegnen.

Prolog – Remix
IMMER IM FLUSS

„WER NIS JA WSÖ PROS TSCHIU" — Kehre zurück, ich verzeihe dir.

Der Zettel fällt aus einem Papierstapel, den ich gerade in wichtige und weniger wichtige Aufgaben zu teilen versuche, wohl wissend, dass alles gleich wichtig ist. Ich schiebe die Papierstapel auseinander und halte mich für einen Moment an der krakeligen Schrift auf dem gelben Post-it fest.
Leo. Der Zettel ist von Leo. Leo war einer der Burgwärter der Burg Sooneck. Leo kam irgendwann aus der Ukraine nach Deutschland. Bevor er hierhin kam, lebte er in Israel. Dort habe es ihm gut gefallen, höre ich ihn sagen.
Jedes Mal, wenn Leo an der Kasse saß und ich durch das große, petrolgrüne Tor die Burg betrat, rief er mir diese Worte zu:

„WER NIS JA WSÖ PROS TSCHIU!" Ihr Klang und sein schelmisches Lachen tauchen wieder in mir auf. „Mädchen, ich verzeihe dir alles", schloss er manchmal noch mit seinem harten, russischen Akzent an, der die Worte irgendwie weicher, sanfter klingen ließ. Ich muss lächeln.
Von einem aus Schnur gespannten Netz an meiner Zimmerwand nehme ich eine kleine Holzklammer und hänge das Post-it dort hin.
Da hängt es nun – zwischen einer Karte aus Tel Aviv, auf der rot gemalte Blumen zu sehen sind, und der Illustration einer Freundin. Das Netz aus Schnur ist viel zu groß, denke ich und blicke zurück auf meine Papierstapel. Nein, eigentlich ist es nicht zu groß, sondern nur zu leer.

Ein halbes Jahr lebte ich als Burgenbloggerin auf der Burg Sooneck. Einer Burg im Oberen Mittelrheintal. Ich schrieb Porträts, kleine Geschichten über Menschen aus den Orten am Fluss. Ich sammelte Begegnungen, ließ mich mitnehmen, treiben und wieder einfangen. Es war eine besondere Zeit, vielleicht die intensivste Zeit meines Lebens.

Nun kehre ich an diesen Ort zurück – zumindest für einen Moment.
Weil ich herausfinden will, was Heimat ist und was Heimat für uns bedeutet.

Heimat – Remix

WARUM

„Heimat ist für jeden etwas anderes. Doch irgendwie glauben die meisten Menschen offenbar, sie meinten intuitiv das Gleiche, wenn sie von Heimat sprechen: ein Gefühl von Zugehörigkeit, von Sicherheit, von Sehnsucht", schreibt Naika Foroutan in ihrem Text „Heimat. Erde. Migration." [1] Naika Foroutan ist Politik- und Sozialwissenschaftlerin. Sie leitet die Abteilung „Integrationsforschung und Gesellschaftspolitik" an der Humboldt-Universität zu Berlin, wo sie auch eine Professur innehat.

Heimatsuche im Mittelrhein – Warum?

Die Bewohner:innen

Wieso keine Stadt-Recherche, frage ich mich, Mainz vor meiner Haustüre liegend. Sind doch Städte soziologische Biotope, in denen Diversität, unterschiedliche Milieus oder Meinungspluralismus quasi im Grundbuch verankert sind. Man muss nicht lange suchen: Die verschiedenen Menschen sind a priori da.

Vermeintlich. So divers, unterschiedlich und individuell sich die Bewohner:innen einzelner Viertel oder Bezirke von Großstädten selbst empfinden und auch auf den ersten Blick von außen zu sein scheinen, so ähnlich sind sie sich wiederum.

Der Kreativschaffende mit blauer Fischermütze und weißen Tennissocken gehört in die Szenekieze unserer Städte. Er und sein Fixie-Fahrrad überraschen mich nicht in Köln-Ehrenfeld oder Berlin-Kreuzberg. Nein, ich erwarte beide dort. Warum diese Orte seine Heimat sind? Vermutlich wegen der Freiheit, des Individualismus oder des kreativen und urbanen Geistes des Viertels. Ein Kreativschaffender zwischen Weinbergen, kultureller Einöde und Schiefer ist dagegen ein Exot.

Genau wie ein türkisches Restaurant. In Hamburg-Altona oder Frankfurt Nordend gehört es zum kulinarischen Leben. Zwischen Straußwirtschaften und rheinischem Sauerbraten gleicht anatolische Küche jedoch noch heute einer kulinarischen Revolution.

Jüdisches Leben hat eine über 700 Jahre lange Geschichte zwischen Mainz und Koblenz: Es gab Synagogen und jüdische Gemeinden. Doch jetzt erinnern nur noch vereinzelt Friedhöfe in Wäldern, Stolpersteine und Mahnmale an das Leben, das mal war.

Wenn dann eine Jüdin aus Tel Aviv ins Mittelrheintal zieht und eben dieses ihre Heimat nennt, macht es nicht nur neugierig. Man möchte wissen, warum sie das tut, und ob das wirklich geht, einen Ort zur Heimat zu machen, der gleichsam von so trauriger Geschichte erfüllt ist.

Das Nicht-zu-Erwartende und Verborgene zieht mich in meiner Recherche an. Abseits von Urbanität und Großstadt möchte ich nach „Heimat" fragen, um vielleicht ganz andere Antworten zu finden als die, die ich in meiner direkten Umgebung erwarte.

Das Tal selbst

Das Obere Mittelrheintal ist durch seine verschiedenen Landkreise, Bundesländer und Medienhäuser ein Mosaik an Identitäten. Es ist vielmehr ein kulturelles Konstrukt als ein zusammenhängender Ort.

Die Bewohner:innen des Tals empfinden ähnlich: Mal sehen sie es als einheitliche Region, mal ist ihnen die andere Rheinseite fremder als das Nachbarland.

Gerade dieses Spannungsfeld macht es für mich so interessant, Menschen nach ihrem Warum für eine Heimat an diesem Ort zu fragen und dazu ein Buch zu schreiben.

Einen Sommer lang werde ich mich auf die Suche begeben. Gespräche führen. Mich mit Menschen treffen. Fragen, sammeln, herausfinden, was hinter dem Begriff „Heimat" steckt.

Braucht man einen solchen Ort? Genügt er im Innern? Ist „Heimat" für jeden etwas anderes, so wie Naika Faroutan es beschreibt?

Oder gibt es doch eine gemeinsame, intuitive Schnittmenge aus Sehnsucht, Sicherheit und Zugehörigkeit?

Und wieso mache ich mich überhaupt auf die Suche nach Heimat? Nach dem, was heute Heimat sein kann? Auch diese Frage verbirgt sich in den anderen Fragen.

Antworten versuche ich in den Gesprächen mit den Menschen am Mittelrhein zu finden.

Wandervogel

ALLES NUR GELIEHEN

Leos gelbes Post-it hängt schon eine ganze Weile an der Wand, während das Paketschnur-Netz immer noch ziemlich verloren wirkt. Ich habe es hängen lassen, nur eben ohne die Fotos.

Ein Jahr hat 365 Tage, in den Jahren 2018 und 2019 war ich mehr als 200 Tage unterwegs. Die meisten Wochenenden war ich nicht zu Hause und bin in längeren Abschnitten gereist. Fünf Wochen USA, drei Wochen Chile, sechs Monate auf einer Burg am Oberen Mittelrhein.
   Ich wollte das so. So wie viele Menschen zwischen Zwanzig und Mitte Dreißig eben viel unterwegs sein wollen, sich nicht festlegen möchten und sich einfach treiben lassen. Angetrieben von Freiheitsdrang, Entdeckungslust oder Rastlosigkeit – ganz gleich. Hauptsache, der Plan für das nächste Wochenende steht schon fest, der Rucksack ist gepackt und das Ticket gebucht. Nur irgendwo dazwischen ging eine Beziehung kaputt. Der Wohnzimmertisch wurde zum Schreibtisch, falls er es nicht sowieso schon immer war. Der Zweiteiler aus immer pinken Poprocks und zu vielen unerfüllten Hoffnungen zog aus und mein Mitbewohner ein. In braunen Kartons brachte er sein Zuhause mit, während sich meins mal wieder im Flugmodus befand. „Und fürs Herz gibt's Tilidin", sang Fynn Kliemann dazu.

Angst, nie einen solchen Ort zu finden, den andere Zuhause nennen.
Angst, nie anzukommen.
Angst, verloren zu gehen.

Dieser Dreizeiler steht ausnahmsweise nicht auf einem Zettel, denke ich und stelle fest, dass mich meine Angst nicht einmal überrascht. Sie ist einfach ein Spiegel all derer, die sich nicht festlegen wollen.
   Während mir schon die 24-monatige Vertragslaufzeit eines Mobilfunkanbieters die Luft nimmt, kaufen sich Freunde Wohnungen und heiraten. Ich finde es schön, wenn Menschen klare Vorstellungen vom Leben haben und so handeln, merke aber immer wieder für mich, dass ich daran scheitere. Und so frage ich mich: Wie und wo möchte ich leben?

Wurzeln in Gläsern

Die Hauswand gegenüber hat die Farbe eines ausgewaschenen Tennisplatzes. „Hat die Zeit die Farbe gemischt? Oder sah die Wand schon immer so aus?", wundere ich mich und beobachte die alte Dame.
Mehrmals täglich schiebt sie den silberweißen Stickvorhang zur Seite, öffnet das Fenster und blickt hinaus. Ihr Mann lässt sich derweil vom Flimmern des großen Flachbildschirms einfangen. Der Blick der alten Dame schweift langsam von rechts nach links und wieder zurück. Für ein paar Minuten stützt sie die Ellbogen auf die Fensterbank, richtet sich auf, zieht die Gardine wieder an ihren Platz und verschwindet in der Wohnung.

Wie lange wohnen die beiden schon dort? 30 Jahre? Länger? Sind sie glücklich? Mögen sie ihre Wohnung? Wollten sie mal woanders leben? Ist das ihr Zuhause – ihre Heimat?

„Dann brauch' ich nur noch 'ne Notiz mit 'ner Anleitung fürs Leben" singt Fynn Kliemann.
Schade, dass Leo, der Burgwärter, die Anleitung fürs Leben nicht zu seiner Notiz geschrieben hat. Das würde das Post-it vollkommen machen. So muss ich sie selbst suchen, also die Anleitung fürs Leben. Denn die muss irgendwo verloren gegangen sein zwischen den ganzen Umzugskisten.

Ich dachte immer, Mainz sei eine Zwischenstation. Doch Pflanzenableger schlagen auch in Wassergläsern Wurzeln. Ob sie darin wirklich gedeihen können, ist eine andere Frage.

„Das Unterwegssein ist mal Last und mal Geschenk", schreibt Saša Stanišić in seinem Roman „Herkunft". [2] Saša Stanišić ist ein aus Bosnien und Herzegowina stammender deutschsprachiger Schriftsteller.
Wandervogel wurde ich letztens genannt. Und dass ich frei sein müsse. Doch beim Unterwegsein bleibt eine Spannung zwischen innerer Unruhe, Aufbruch und Gebundensein-Wollen, Ankommen. Ich zucke mit den Schultern und denke an all die, die überhaupt keine Wahl haben, sich einen Ort auszusuchen. Wohlstandssorgen eben.

Gestern Abend war ich im Oberen Mittelrheintal. Bin zur Burg Sooneck nach Niederheimbach gefahren. Bin an ihr vorbeigelaufen, durch den Wald spaziert. Bin zu einer Aussichtsplattform, dem Sieben-Burgen-Blick gegangen. Und habe über Rhein, Hunsrück und Taunus geschaut. Ein Fluss, zwei Mittelgebirge. Schiefer, Weinberge, Seitentäler in einer sich endlos abwechselnden Reihenfolge. Es gibt wenige Orte, die so schön sind.

Wie wichtig sind die Dinge, die uns umgeben, wirklich?

MAINZ

Heimat oder Zuhause.
Was ist das?
Gartenstühle, Perserteppiche und eine Fritteuse.

Dinge, die nicht mehr gebraucht werden. Dinge, die mal einen Menschen ausmachten. Die Erinnerung ist schon vorher abgehauen, jetzt warten die Dinge auf den Sperrmüllwagen.

In meiner Straße verschwinden solche Sachen ziemlich schnell, als würde sich für einen unbemerkten Moment ein Schlund öffnen und alles verschlingen.

Die alte Dame von gegenüber steht am Fenster und schaut herunter. Der Sperrmüllwagen ist spät. Aber vielleicht kommt jemand und sammelt schon vorher etwas ein. Ihr Blick liegt auf einem der Perserteppiche.

Als ich fünf Jahre alt war, sind wir von Werne in den Hunsrück gezogen. Man meint, Kinder vergessen schnell, sie kommen einfach am neuen Ort an und werden unmittelbar Teil von allem. Mit 19 Jahren bin ich ausgezogen, lebte in Weimar, Barcelona, Trier, Wiesbaden und Mainz.

Nun teile ich mir mit der alten Dame den Blick auf diese Straße. Die zugegeben nicht die schönste ist: Gebäude der 70er- und 80er-Jahre stehen dicht nebeneinander, und ein großes Bauprojekt in unmittelbarer Nähe sorgt nicht nur für Lärm, sondern auch für viel Staub. Eine halbe Stunde lüften genügt, um meinen Schreibtisch mit einer seltsam grauen Patina zu belegen. Grün, das heißt Pflanzen oder Bäume, gibt es erst seit einem Jahr: Man hat Setzlinge in dafür vorgesehene Rahmen gepflanzt. Diese wachsen nun schnell zum Himmel respektive zum Licht.

Obwohl „meine" Straße nach allen ästhetischen Maßstäben keine schöne Straße ist, mag ich sie irgendwie. Es gibt einen Kiosk, der nicht nur dreißig verschiedene Sorten Bier verkauft und Pakete annimmt, sondern den besten Falafel-Dürüm macht. Sein Erfolgsrezept: selbst gemachter Teig und Avocadosoße. Es gibt einen Pizzabäcker, der sich jedes Mal nach meinem Befinden erkundigt, wenn ich an ihm vorbeilaufe. Und es gibt Frau

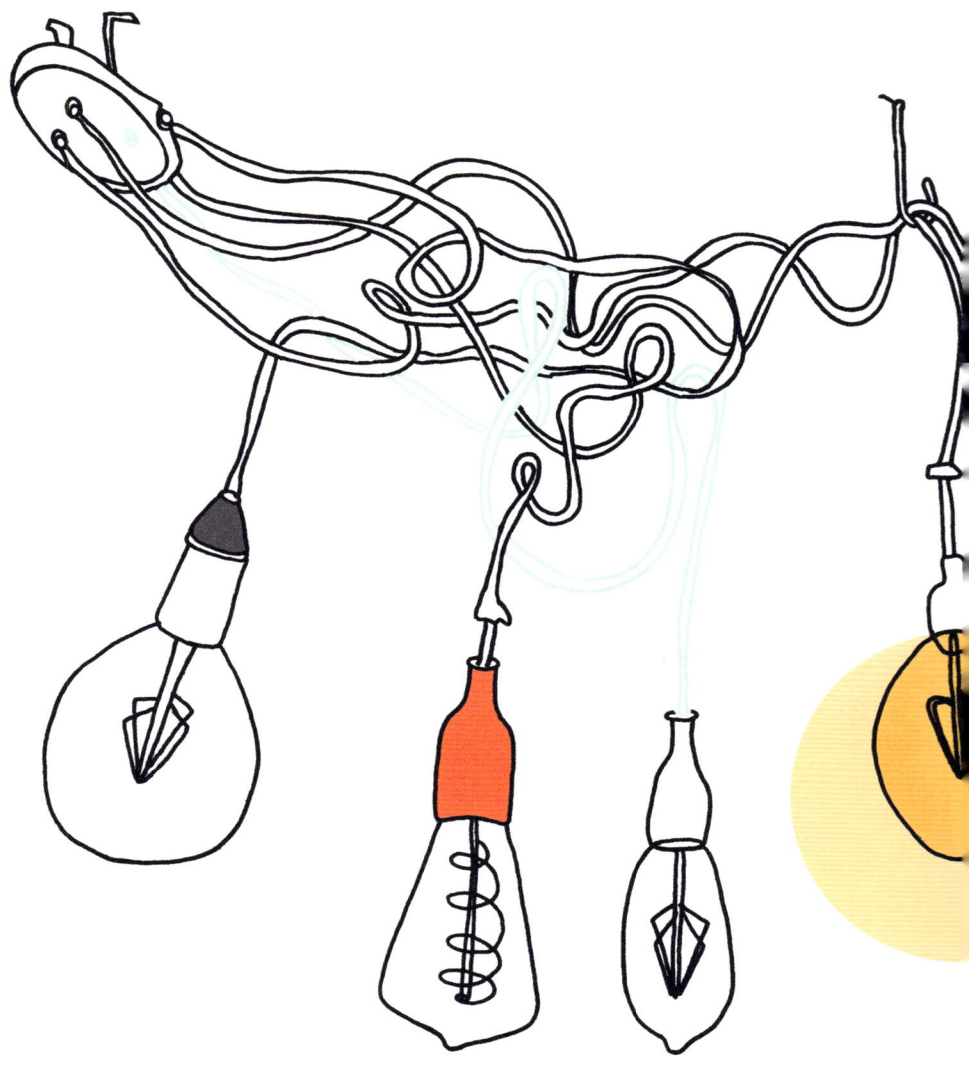

Bode, die zierliche Schneiderin, die morgens viele Räucherstäbchen auf ihrem tibetischen Altar anzündet. Dieser steht unterhalb der Kleiderstange, sodass alle Sachen gleich süßlich riechen.

Außerdem gibt es meinen Fensterblick, mein Blick auf die Häuser gegenüber. So weiß ich, dass die Kakteen des Rentnerpaares auf meiner Fensterhöhe nicht nur Filzhüte haben, sondern auch Trudi und Günther heißen. Der riesige Flachbildschirm läuft in der Regel ab 12.30 Uhr, und hinter bestickten Vorhängen leuchten Halogenlampen. Die WG oben drüber sitzt jeden Samstag gegen Mittag Bier trinkend mit Techno und Feierlaune auf dem Balkon, und das Wollpullover-Sneaker-Pärchen links unten hat gerade das dritte Kind bekommen. Ich glaube, es heißt Lola.

All das fühlt sich vertraut an, ist zu einem Raum geworden, der mich umgibt, in dem ich mich sicher fühle. Ob ich diesen Raum Heimat nennen würde? Nein, wohl eher nicht. Zuhause? Ja, schon.

Eine Idee

Über mir hängt eine Lampe, die nur eine Idee geblieben ist. Die Lampe besteht aus vielen Schnüren und Kabeln. Manche der Fassungen sind leer. In anderen sitzen warm leuchtende, dicke Glühbirnen. Alles hängt unfertig, willkürlich herum.

Man könnte die Lampe als Sinnbild für mein Nicht-Ankommen und Suchen nehmen. Doch das wäre zu einfach.

Für mich hat der Zustand meiner Zimmerlampe etwas Beruhigendes: Er erinnert mich daran, dass noch eine Aufgabe auf mich wartet, falls die Welt stillstehen sollte. Eine Reserve-Aufgabe.

Doch solange die Deckenlampe ein Kabelchaos ist, fällt die Welt nicht auseinander und läuft weiter. Ich finde das beruhigend.

Der Sperrmüllwagen bleibt zögernd stehen. Drei Männer tragen die Gartenstühle, die Perserteppiche und eine Matratze weg.

Nur die Fritteuse, die bleibt.

Herkunft

WOHER KOMME ICH?

„Komplexe Frage! Zuerst müsste geklärt werden, worauf das Woher ziele. Auf die geografische Lage des Hügels, auf dem der Kreißsaal sich befand? Auf die Landesgrenzen des Staates zum Zeitpunkt der letzten Wehe? Provenienz der Eltern? Gene, Ahnen, Dialekt? Wie man es dreht, Herkunft bleibt doch ein Konstrukt! Eine Art Kostüm, das man ewig tragen soll, nachdem es einem übergestülpt worden ist. Als solches ein Fluch! Oder, mit etwas Glück, ein Vermögen, das keinem Talent sich verdankt, aber Vorteile und Privilegien schafft." Saša Stanišić [3]

Ein Bergmannshaus in der Stormstraße

HUNSRÜCK

Die Frage „Wohin gehe ich?" führt unweigerlich zu der Frage „Woher komme ich?".

„Ich sagte, Herkunft ist Zufall, immer mal wieder, auch ungefragt." Saša Stanišić, Herkunft [4]

Ich stehe in meinem alten Kinderzimmer und miste Sachen aus. Damit Platz für ein weiteres Gästezimmer entsteht oder ein Raum für Mama zum Lesen und wahrscheinlich auch, um weniger Kind zu sein, denke ich. Damit ein weiteres Stück Nabelschnur gekappt wird. Denn mit 32 Jahren sollte da eigentlich keine mehr sein.

Beim Aussortieren fällt mir Omas Portemonnaie in die Hände. „Erna Wierzoch, Stormstraße 46, Bergkamen", steht auf einem zerknitterten Zettel. Der metallene Goldrand des Portemonnaies klappt zu und hinterlässt den Geruch von einem milden Weichspüler und Kölnisch Wasser. Oma ist für einen Moment in meinem Zimmer.

„Einen alten Baum pflanzt man nicht um", war ein Satz, der genauso zu meiner Oma gehörte wie das graue Reihenhaus in der Stormstraße, einer Bergmannsiedlung in Oberaden. Während ich kiloweise bunte Papierbögen in Plastiksäcke stopfe, sehe ich Oma winkend auf dem schmalen, weißen Steinweg vor ihrer Haustüre stehen. So wie sie es immer tat, wenn wir sonntagnachmittags abreisten.

„Mama, wie heißt der Ort, aus dem Oma kam?"
„Ortelsburg. Wieso?"
„Nur so."

Von meinem Handy lasse ich mir die Masuren zeigen, in denen meine Oma ihre Kindheit und Jugend verbrachte. Weite Felder, unendlich viel Wasser, Seen und Flüsse und große Höfe.
„Kind", das i zog sie immer einen kurzen Moment zu lang. Ich setze mich auf den Boden zwischen alte Schulbücher, selbst gebrannte CDs

und eine Sammlung Groove-Magazine. Statt weiter auszumisten, lasse ich mich nun durch die masurische Seenplatte treiben.

Meine Oma lebte auf einem großen Gutshof mit elf Geschwistern. Sie war die Jüngste, das Nesthäkchen. Dann kamen der zweite Weltkrieg und die Flucht.

Sie musste Ortelsburg verlassen und kam über ein paar Umwege mit einigen Geschwistern in Krefeld an. Dort ging sie am liebsten spazieren und sah sich schöne Kleider in den Schaufenstern an. Als sie meinen Opa mit 36 Jahren heiratete, was für die damalige Zeit spät war, zog sie zu ihm ins Ruhrgebiet. In das graue Reihenhaus.

In dem Haus wohnte sie lange, auch nachdem mein Opa gestorben war. Als sie weder mit örtlicher Betreuung noch mit osteuropäischen Pflegerinnen alleine bleiben konnte, nahm meine Mutter sie in ein Pflegeheim in den Hunsrück. Drei weitere Jahre, von denen sie viel im Bett lag, verbrachte sie dort.

Wenn ich sie besuchte, erzählte sie mir oft von Ostpreußen. Von dem großen Hof, den Feldern, die sie bewirtschafteten, oder den Tanzfesten, die sie veranstalteten. Sie sprach davon, wie sie einen Mann nach dem anderen stehen ließ, die meisten hatten eben nicht genug „Schneid".

Oft erzählte sie auch von Krefeld, von ihren Geschwistern, dem großen Garten, den ihr Bruder in englischer Manier pflegte, den schönen Blumen, die dort wuchsen und den hübschen Kleidern. Krefeld, die Samt- und Seidenstadt.

Bei all ihren Erzählungen schien sie meist in ihren Erinnerungen versunken, weit weg, mehr im Inneren wandernd, als das Außen wahrnehmend. Den neuen Ort mit den weiten, sterilen Gängen blendete sie aus.

Doch wenn sie ihre wachen Momente hatte, erkannte, wo sie jetzt war, packte sie die Wut. „Das ist hier alles Schiete. Nein, nein, das macht man nicht. Einen alten Baum den pflanzt man nicht um. Schiete, da hast du's."

Manchmal musste ich lachen, weil die Wut so gar nicht zu dem zarten Wesen passte, dass da neben mir im Bett lag. Manchmal lachte sie mit. Manchmal dachte ich nur: Ja, ich kann dich verstehen, deine Flucht ins Innere, deine Wut. Und die Sehnsucht nach dem Vertrauten, nach deinem Zuhause und deiner Heimat.

Im Sommer 2017 mit 95 Jahren ging sie dann zu den „anderen, die da oben warten".

Ein letzter Besuch

„Heimat und Erinnerungen, das hängt unweigerlich zusammen", schreibt der deutsche Journalist und Autor Daniel Schreiber in „Zuhause". [5] Oma gab mir jedenfalls ihre immer kalten Hände mit und den Blick für schöne Kleider.

Ich schreibe meinem Bruder eine Nachricht: „Wir müssen unbedingt nach Ortelsburg fahren, ich will den Ort sehen, aus dem Oma kam." Er antwortet kurz darauf: „Ist okay."

Als es feststand, dass Oma nicht mehr in ihr Haus zurückkehren würde, beschlossen meine Mutter und ihr Bruder, das Haus zu verkaufen.

An einem 27. Dezember 2014, auf der Autobahn lag eine Schneedecke, dick genug, sodass man nicht schneller als 60 Kilometer pro Stunde fahren konnte, übernachtete ich ein letztes Mal in Omas Haus in der Stormstraße.

Ich wollte mich verabschieden: Von dem Haus, von dem Leben, das meine Oma dort gelebt hatte. Von einem Ort, der mir in meiner Kindheit Liebe gab. Irgendwie auch von einem Zuhause.

Things cannot be reversed
We learn from the times that we are cursed
Things cannot be reversed
Blow out all the candles
Blow out all the candles
"You're too old to be so shy
He says to me so I stay the night

Songzeilen von dem Song Candles der englischen Indie-Folk-Band Daughter [6]

Ein Bild mit einer blauen Taube sowie ein Buch mit den gesammelten Werken von Thomas Mann nahm ich damals aus Omas Haus mit. Das Buch hat einen wunderschönen alten Einband. Gelesen habe ich es bisher nicht. Beides lasse ich vorerst in meinem alten Kinderzimmer stehen.

Zurück auf Sooneck

Alles ist vertraut und doch gleichzeitig fremd. Da bin ich nun. *Hallo Burg*, denke ich. *Darf ich noch einmal in deinen schützenden Mauern versinken und aufs Tal blicken?* Wenn die Sonne sich über den Taunus schiebt, ist es morgens. Am Abend versinkt sie im Rhein.

Hier auf der Burg Sooneck könnte man wirklich fast vergessen, dass es noch eine andere Welt gibt.

Fast.

Der Rückkehrer
Marcel D'Avis | Oberwesel, Garten

Es ist ein warmer Sommernachmittag Anfang Juli, und ich sitze mit Marcel D'Avis und Christian Büning in ihrem Garten. Wir befinden uns auf einer hölzernen Plattform, über uns schwebt ein Sonnensegel. Von hier aus kann man über die Dächer Oberwesels sehen. Mein Blick schweift über den Rhein zur scharfen, strukturierten Schieferwand des Taunus. Trotz ihrer Nähe, es sind vielleicht 400 Meter, scheint sie unerreichbar. Der Rhein fließt als unüberwindbares Hindernis dazwischen. Hinter uns liegt Engehöll, von wo aus am Abend noch die kalte Luft des Hunsrücks herabfließen wird.

Das Männerpaar lebt seit 2017 in Oberwesel, einer kleinen Stadt im Mittelrheintal mit einer langen Stadtmauer und vielen Wehrtürmen. Beide sind bei den Grünen politisch aktiv, engagieren sich im Stadtrat und haben eine Vorliebe dafür, staubige Strukturen aufzubrechen und dafür nachhaltiges Handeln einzusetzen.
Christian kommt aus der Nähe von Münster. Marcel stammt aus Oberwesel, er lebte 20 Jahre woanders. Stadtmüdigkeit und Haussuche brachten beide an Marcels Herkunftsort.

Bevor ich nach dem Begriff Heimat fragen kann, sagt Marcel: „Ich wollte nie hierhin zurückkehren."

Mit *hier* ist die 3000-Einwohner-Stadt Oberwesel gemeint. Hier leben sie im Ortsteil Kirchhausen, wo sie sich ein über hundert Jahre altes Haus gekauft haben, das sie in Eigenregie nach und nach umgebaut haben.
Zu ihrem Haus gehört ein riesiger Garten, der sich noch weit nach oben den Hang hinaufzieht. In diesem Garten sitzen wir nun.

Nach der Schule absolvierte Marcel eine Lehre zum Bankkaufmann in Bingen. Mit 21 Jahren zog er nach Wiesbaden und arbeitete in Frankfurt, wo er einige Jahre lebte. „Mir war es sehr wichtig rauszugehen, wegzuziehen. Das brauchte ich für mich", sagt er, „trotzdem kam ich jedes

23

Jahr zu den großen Ortsfesten wie Weinmarkt oder Spektakulum nach Oberwesel und habe Freunde aus Frankfurt oder Wiesbaden mitgebracht." Er blickt mich lächelnd an und fährt fort: „Man war doch irgendwie stolz auf die Heimat, denn sie ist etwas Besonderes."

Und was ist Heimat?

Marcel: „Heimat ist der Ort, von dem man weiß, dass man immer wieder dahin zurückkehren kann, wenn etwas schiefgeht im Leben."
„So etwas wie ein sicherer Hafen?", sehe ich ihn fragend an.
„Könnte sein, ein Zufluchtsort", fährt Marcel fort, „ich habe jedenfalls zu keinem anderen Ort Heimat gesagt. Die anderen Orte waren immer das Zuhause, aber nicht meine Heimat."
„Obwohl du über 20 Jahre weg warst und an verschiedenen Orten gelebt hast?", frage ich.
„Ja."

Das Vergangene ist nicht tot; es ist nicht einmal vergangen

Seine Familie, die Familie D'Avis, ist schon seit dem Mittelalter mit dem Mittelrheintal, respektive der Stadt Oberwesel verbunden. Familie und Tal sind seit Jahrhunderten ineinander verwachsen. Das Verb „abstammen" scheint für Oberwesel und Marcel gut zu passen.
Oberwesel ist ein Ort der Erinnerung, des Ursprungs. Vielleicht auch ein Ort der Erfahrungen, meint Marcel, aber für ihn selbst sei da auch die Vertrautheit mit der Umgebung.

„Das Vergangene ist nicht tot; es ist nicht einmal vergangen", schrieb der US-amerikanische Schriftsteller William Faulkner. Vielleicht spürt man diesen Herkunftsbezug, wenn die eigene Familie so tiefe Wurzeln an einem Ort hat wie Marcel. Vielleicht.
Eigentlich wollte Marcel nicht zurückkehren. Denn zurückkehren heißt oft, in die alten Rollen zurückzufallen, sei es als Sohn, Bruder, guter Freund. Im Anderswo sind neue Teile des Ichs entstanden. Man ist nicht mehr der, der man war.
Oder doch? „Teilweise nimmt man seine alte Rolle wieder ein, teilweise lernt man aber auch Strukturen neu

kennen, die man vorher nicht kannte oder die sich verändert haben", meint Marcel.

Daniel Schreiber beschreibt in „Zuhause" das Bedürfnis vieler Menschen nach dem Weggehen unabhängig der eigenen Bindungen zum Herkunftsort. „Hinter dem Bedürfnis nach Aufbruch steht nicht selten das Bedürfnis, sich neu auszurichten, die eigene Sicht auf die Welt und damit auch das Spektrum seiner Bindungen an Menschen zu erweitern." [7] Das Selbst kann dadurch vielschichtiger werden, sich weiten, sich verändern, sich entwickeln. Funktioniert ein Zurückkehren dann aber wirklich, frage ich mich, wenn man doch selbst ein:e andere:r geworden ist? Oder lebt man im steten Konflikt zwischen altem und neuen Ich?

„Für uns war es wichtig, wenn wir in einen Ort ziehen, in die dortige Gemeinschaft reinzukommen. Es war klar, wir möchten Teil des Ortes sein. Bei der Hauswahl fragten wir uns: Wo kennen wir Leute? Wo kann man gut arbeiten?" Letztlich sei der Mensch ein Herdentier, er suche Gemeinsamkeiten, Anschluss, Vertrautheit, sagt Marcel. Man möchte einen Ort, der einen trägt und auffängt, denke ich.

Beide haben sich nach einem Haus mit Garten gesehnt. An ihrem Wohnort wollten sie sich ohne Auto bewegen können und vor allem auch ohne Auto zur Arbeit kommen. „Wie kann ich an einem Ort leben? Kann ich mich da versorgen? Bin ich versorgt? Wie steht es um mein soziales Leben?", sagt Marcel und blickt mich an. „Es sind Fragen, die einen immer wieder im Leben begegnen."

Heimat ist Ankunft

Wenn die beiden von ihrer Ankunft in Oberwesel sprechen, spürt man: Es war ein prägender Moment. „Wir sind mit einem Lkw vollgeladen mit unserem Hausstand aus Münster im Februar 2017 hier angekommen. Das Wetter war ganz dem Winter entsprechend schlecht, regnerisch, früh dunkel. Man war müde – einfach bettreif", erzählt Christian.

„Wir haben damit gerechnet, dass uns vielleicht vier Leute oder so beim Entladen helfen." Doch es sollte anders kommen:
„Als wir in Oberwesel ankamen, standen zehn Leute vor der Tür", sagt Christian, „das war eine richtig tolle Geste, ein richtiges Willkommenheißen."

Christian besitzt ein großes Aquarium, die Fische seien beim Umzug in diverse Eimer verteilt worden. „Wir wussten, das dauert noch eine Weile, bis das Aquarium aufgebaut ist", sagt Marcel und fährt fort: „Da hat mein Onkel, der selbst auch Fische hat, schnell sein Altes zur Verfügung gestellt." Es wurde einfach geholfen, angepackt, ohne große Worte zu verlieren, das sei toll gewesen, sagen beide.

Als Männerpaar haben sie in Oberwesel keinen Unterschied zu ihrem Leben in Münster oder Frankfurt erlebt. „Natürlich ist die Gay-Community hier kleiner. Aber sonst ist es doch überall das Gleiche: Entweder die Leute akzeptieren uns, oder sie lassen es", zuckt Marcel gelassen mit den Schultern. Für die beiden war es wichtig, von vornherein offen zu kommunizieren, dass sie ein Paar sind. „Die Leute sind natürlich neugierig, und wenn sie merken, man versteckt etwas, dann wollen sie wissen, warum", fügt er an. „Da sind wir natürlich schon dankbar, was die Schwulen-Community bis heute erreicht hat und dass wir in einem Land leben, das frei ist."

Ich möchte von Marcel wissen, ob es nun die Familie, die Erinnerungen oder die Landschaft war, die ihn an diesen Ort zurückgebracht hat? Und ob er mit einem Widerspruch lebt, wenn er sagt, dass er nicht zurückkehren wollte, es aber dann getan hat.
Er hält einen Moment inne, scheint achtsam die nächsten Worte zu wählen, bevor er antwortet: „Der Kanal in Münster war ganz nett, aber es nicht der Rhein. Wenn du hier hundert Meter gehst, dann verändert sich mit einem Mal die ganze Landschaft: Wenige Meter den Berg hoch und das Tal sieht komplett anders aus. In Münster gab es zwei hohe Gebäude: Das Verwaltungsgebäude und das Krankenhaus."

Bin ich der, der ich sein darf und will? Dazu kann ein anderer Ort helfen.

Das Obere Mittelrheintal birgt aus jedem Blickwinkel eine neue Sicht, eine andere Landschaftsstruktur. Es ist hart und lieblich zugleich, es vereint Süditalienflair mit mittelalterlichen Burgen. Es ist so vielseitig wie sonst kaum eine Region in Deutschland. So eine Landschaftsstruktur wiederzufinden, ist schwierig.

Zurückkehren

„Jeder hat ein Kindheitstrauma oder ein Familientrauma und ich glaube, an einem anderen Ort kann man sich besser damit auseinandersetzen."

Sein Coming-out hatte Marcel in Wiesbaden. „Wahrscheinlich hätte ich es auch in Oberwesel haben können, aber es wäre nicht das Gleiche gewesen. Man muss sich in seinem Leben zwangsläufig mit sich selbst auseinandersetzen: Bin ich richtig? Bin ich der, der ich sein darf und will? Bei der Suche kann ein anderer Ort helfen." Wenn man das nun wisse, sei das Zurückkehren nicht schwer.

Ich bewundere Marcel für seine Klarheit. Wahrscheinlich ist es das: Man muss nur bei sich selbst angekommen sein, die alten Konflikte gelöst haben, dann funktioniert das mit dem Wiederkommen – man ist derselbe und kann gleichzeitig ein anderer sein.

Heimat ist für Marcel etwas Geografisches. Die Landschaft des Mittelrheintals und des Hunsrücks, der Rhein, der Taunus prägen seinen Heimatbegriff. Gleichzeitig spüre ich Marcels Verbundenheit zu Oberwesel und auch, wie er sich selbst immer wieder kritisch hinterfragt.

Er möchte Teil eines Ortes sein, in dem er ein bewusstes Leben führen kann. Seine Heimat möchte er mitgestalten und in eine offene und vielseitige Zukunft begleiten.

Heimat sollte ein Ort sein, der Sinn stiftet, denke ich. Ein Ort, an den man immer wieder zurückkehren kann, auch wenn man es (erst einmal) nicht will.

Der Neue
Christian Büning | Oberwesel, Agentur

Inula helenium

„Wenn du dich fragst, was für dich Heimat ist", sagt Christian, „dann bist du auf der Suche danach. Es ist wie mit der Frage nach dem Glück: Wenn du glücklich bist, fragst du dich nicht, ob du glücklich bist. Sondern du bist es."
„Es ist wie in einer Beziehung, oder?", sage ich. „Wenn du zufrieden bist, dann fragst du dich nicht, ob es der oder die Richtige ist. Es passt einfach. Wenn es nicht passt, dann beginnst du zu zweifeln."
„Genau."

Ich besuche den Kommunikationsdesigner Christian Büning in seinem Oberweseler Büro. Es befindet sich im Herzen des Marktplatzes neben Eisdiele, Café und italienischem Restaurant. Wenn man eins der großen Fenster öffnet, hört man den Flurfunk. In den Räumen im ersten Obergeschoss wird man schneller als über Snapchat, Instagram oder Facebook über die Ortsneuigkeiten informiert.

„Kaffee?", fragt Christian.
„Gerne, er darf auch stärker sein", antworte ich.
„Bist du auch immer so müde?"
„Irgendwie schon."
„Geht mir auch so. Ich könnte nur schlafen. Ob das daran liegt, das man mit der Corona-Situation überfordert ist?", sieht er mich an.
„Das habe ich mich auch schon gefragt."

Der Sommer bricht einen Hitzerekord nach dem nächsten, und Oberwesel wird zum Sizilien des Mittelrheintals. Es ist heiß, die Sonne scheint grell. Draußen hört man Geschirr klimpern, Menschen plaudern und Fahrräder stehen zwischen Blumenkübeln. Der kleine Marktplatz ist gut besucht, und man hat das Gefühl, alles sei wie immer, unbefangen und leicht.

Doch in den alltäglichen Bewegungen auf der Straße schwingt ein Schatten mit. Als würde trotz strahlend blauem Himmel eine Schleierwolke über der Sonne liegen. Da ist etwas, das öffentliches Leben verändert hat. Es ist nur ein Gefühl, aber es ist präsent in den Bewegungen der Menschen. Da ist eine stete Vorsicht vor dem unsichtbaren Virus, das uns an unsere Verletzbarkeit erinnert. Und vielleicht macht diese stete Vorsicht müde.

„Du möchtest wissen, was Heimat ist?", sieht Christian mich nachdenklich an.
„Ja, aber ich glaube, darauf gibt es keine universelle Antwort, oder? Jeder definiert das Wort oder den Begriff für sich. Vielleicht gibt es nur einen kleinsten, gemeinsamen Nenner, so ein Grundgefühl der Heimat."
Christian sieht mich weiter nachdenklich an, während mein Blick die Wände seines Büros entlangwandert. Großformatige Siebdrucke hängen da und ein Plakat, das unterschiedliche Schriftsysteme der Menschheit fasst. Es orientiert sich am Unicode-Standard, einer Sammlung aller auf der Welt gebräuchlichen Schriftsysteme, ohne die unsere globale Kommunikation deutlich schwieriger laufen würde.

Das Schöne an dem Wort Heimat ist, dass es nicht an bestimmte Rahmen, Systeme oder Gesetze gebunden ist.

Heimat braucht Akzeptanz

Neben mir steht ein Kugelaquarium mit winzigen Garnelen. Es scheint, als würden sich die Tiere die meiste Zeit durchs Wasser treiben lassen. Ob die sich darin zu Hause fühlen? Oder wollen sie hin und wieder einfach mal aus ihrer Kugelwelt ausbrechen? Und wie lange lebt so eine Garnele überhaupt?
„Ich finde, man kann verschiedene Heimaten haben", reißt mich Christian aus meinen Gedanken und fügt an: „Das Schöne an dem Wort Heimat ist, dass es nicht an bestimmte Rahmen, Systeme oder Gesetze gebunden ist. Man kann zwei Monate irgendwo leben oder acht Jahre und sagen: Das ist meine Heimat."
„Das stimmt, du musst keinen Einbürgerungstest machen, um zu sagen, dieser Ort oder dieses Land ist jetzt meine Heimat", sage ich.
„Ja, genau. Es ist möglich, ohne administrativen Aufwand

oder über Institutionen einen Ort als seine Heimat zu bezeichnen."

Christians Sichtweise auf den Begriff Heimat hat etwas Befreiendes. Sie öffnet das Wort in eine ganz andere Dimension.
Doch diese Perspektive funktioniert nur, wenn man willkommen ist. Unabhängig davon, ob Mensch mit anderem Herkunftsland oder zugezogene:r Staatsbürger:in. Um einen neuen Ort als Heimat zu empfinden, braucht es ein Entgegenkommen der schon dort lebenden Menschen. Offenheit und Akzeptanz müssen gelebt werden, sonst funktioniert das Ankommen der Neuen nicht, der Ort kann nie Heimat sein.
Meist betrifft die Ablehnung Menschen, die nicht ins heteronormative weiße Bild der Dominanzgesellschaft passen, also People of Color, LGBTIQ (Abkürzung für Lesbisch, Schwul, Bisexuell, Trans, Inter und Queer), Schwarze Menschen, Menschen mit einer anderen Herkunft, Geschichte oder Religion.

Alantstaude und yurt

Christians erste Heimat ist der Ort seiner Kindheit, seine zweite Heimat ist Münster. Dort hat er Kommunikationsdesign studiert.
Doch viel mehr als die Stadt Münster war die dortige Gay-Community seine Heimat.
„Wir waren eine feste Gruppe aus schwulen Männern, die fast jedes Wochenende zusammen feiern war. Jeder wurde so akzeptiert, wie er war. Man hat sich geholfen und war füreinander da, ohne viele Worte darüber zu verlieren. Die Freundschaften haben sich bis heute gehalten. Und wenn ich einen Teil der Gruppe mal wiedersehe, fühlt sich das wie Heimat an. Nach Geborgenheit und Vertrauen."
Der Kommunikationsdesigner erzählt mir von einer Alantstaude, die im Garten eines älteren Freundes wuchs. Von dieser Staude hat Christian einen Ableger erhalten. Er nennt die Staude liebevoll „Sergio-Alant", nach dem älteren Freund. Sergio ist mittlerweile verstorben. Doch die Ableger wachsen in den Gärten seiner Freunde.
„Natürlich ist das nicht mehr dieselbe Pflanze."
„Im Kern ja irgendwie schon", sage ich.
„Mmh, mir geht es um dieses Bild, diese Verbindung untereinander, die sich über den Alant weiterträgt und weiterlebt", fährt Christian fort, „auch wenn sie nicht mehr in ihrem Urzustand ist, aber ein Teil lebt weiter."

Das Bild von Heimat, das Christian über den Korbblüter zeichnet, kann ich gut nachempfinden. Es ist ein Gefühl von Heimat, das an keinen Ort und keinen Raum gebunden ist. Es ist ein Gefühl von Zugehörigkeit, zwischenmenschlicher Bindung, die ineinander verwurzelt ist. Man findet in einem anderen Menschen ein Zuhause. Es ist ganz egal, wo man mit diesem Menschen ist, das Gefühl von tiefster Verbundenheit wird immer da sein. Man darf so sein, wie man ist und fühlt sich genauso verstanden. Als könnte der andere einem in die Seele blicken. Sergios Alantstaude ist eine lebende Allegorie einer solchen Freundschaft und mittlerweile blüht sie in verschiedenen Gärten.

Ähnlich der Alantstaude beschreibt auch die türkische Schriftstellerin Elif Shafak in einem TED-Talk ihre Vorstellung von Heimat. Elif Shafak gehört zu den meistgelesenen Schriftstellerinnen in der Türkei und in türkischer sowie englischer Sprache. In ihrem TED-Talk geht sie vom türkischen Wort „yurt" aus, das sowohl Heimat- oder Vaterland als auch eine bewegliche Behausung bedeutet. Eine Heimat also, die man überallhin mitnehmen kann. Die Annahme, dass Heimat nur mit einer Idee von Boden, Landesgrenzen oder Territorien funktioniert, löst sich auf. [8] Heimat wird zu einem beweglichen Ort, der sich zwischen Menschen befindet und in einem freien Raum entsteht.

Colakraut, Wollziest und Riesendisteln

In Christians riesigem Garten, der für ungeschulte Augen chaotisch wirken mag, hat jede Pflanze ihren Platz. Wenn man ihn nach einer Pflanze fragt, nennt er meist auch den wissenschaftlichen Namen. Er kennt die Bedürfnisse seiner Gartenbewohner, und so sind sie auch am Steilhang platziert. Colakraut, das nach Cola riecht, Wollziest, dessen Blätter so sanft wie Eselsohren sind, oder Riesendisteln, die größer sind als ich.

Dazwischen wächst auch die Alantstaude und vielleicht trägt sie einen Teil dazu bei, dass er sich nicht fragt, ob Oberwesel seine Heimat ist.

Heimat – ein ortloser Plural

Christians Gedanken zum Heimatbegriff bewegen mich noch eine ganze Weile: Sie haben etwas Befreiendes und erinnern mich an meinen eigenen ortlosen Heimatbezug. Manchmal müssen es die Worte eines anderen sein, die die eigenen Gedanken spiegeln und ihnen eine Form geben.

Ähnlich der Schriftstellerin Elif Shafak, die von einer beweglichen Heimat im türkischen Wort „yurt" spricht, und Christian, für den Heimat auch im Plural funktioniert, beschreibt es auch Dirk von Gehlen.

Dirk von Gehlen ist Journalist und Autor sowie Leiter der Abteilung Social Media/Innovation bei der Süddeutschen Zeitung.

In „Heimat hacken" schreibt der Journalist: „(...) diese Vorstellung einer tragbaren Heimat, die es im Plural geben kann, steht im direkten Widerspruch zur gesamten Heimatideologie des 20. Jahrhunderts. Denn wer so über Heimat denkt, entzieht der abgrenzenden Vorstellung von Heimat im Wortsinn den Boden." [9]

Mit „so" meint Gehlen, dass Heimat weg vom singulären und greifbaren Ort gedacht wird. Stattdessen wird Heimat zu einem ortlosen Plural. Der tradierte Heimatbegriff, wie er gerne vom rechten Rand der Gesellschaft und Nationalisten benutzt wird, verliert auf diese Weise seine Bedeutung und seinen eigentlichen Kern. Die heimelige, mit Häkeldecken verzierte, territoriale Aufladung wird dem Wort Heimat entzogen.

Heimat bekommt eine poetische Weite, die Ländergrenzen und institutionelle Hürden überwindet.

Sauerkirschen – mein ortloser Plural

Einer meiner längsten Freunde bringt mir bei einem Besuch auf der Burg Sooneck Sauerkirschen mit. Die Sauerkirschen sind aus dem Garten seiner Eltern – aus dem Dorf, in dem wir beide aufwachsen sind.

Es sind ziemlich viele Kirschen, viel zu viele für mich. Also kocht meine Stiefoma Marmelade daraus.

Das Glas Marmelade steht jetzt jeden Morgen auf meinem Frühstückstisch, und ich denke, da ist er also dieser ortlose Plural. Mein süß schmeckendes Sinnbild für Freundschaft, Vertrauen und Zuhause.

Der andere Rheinländer
Jan Schnichels, St. Goar | Café

Während ich über das Gespräch mit Jan nachdenke, beobachte ich ein seltsam aussehendes Insekt am Fenster
meines Burgzimmers. Es könnte eine Ameise mit Flügeln
sein. Es hat allerdings einen langen Stachel – der ist doppelt so lang wie der Korpus des Insekts. Und es besitzt
Fühler.
Ich glaube, es ist keine Ameise. Vielleicht ist es ein na-
her Verwandter, ein Cousin zweiten Grades. Während ich
mich wundere über das, was sich am Burgfenster bewegt
und gleichzeitig nach den richtigen Worten für Jan suche,
krabbelt das Insekt desinteressiert an meiner Existenz
auf der Glasscheibe hin und her.

Nun gut. Jan.

Jan ist durch und durch Rheinländer. Er kommt ursprüng-
lich aus Neuss, den Singsang des dortigen Dialekts hört
man noch immer heraus, selbst wenn er das gar nicht so
empfindet.
Mit 15 Jahren ist er nach St. Goar gezogen. St. Goar ist die
kleinste Weltstadt am Mittelrhein, zumindest behauptet
das der 3000-Seelenort von sich. Der Ort liegt gegenüber dem Loreleyfelsen. Es ist der Felsen, der Heinrich
Heine in poetische Höhen und viele Schiffsbesatzungen
in tödliche Tiefen gerissen hat. Jan jedenfalls scheint relativ unbeeindruckt vom Loreley-Mythos zu sein.

Slang und Dialekt

Ob ihm der Umzug nach St. Goar damals schwergefallen
ist, will ich wissen. Mit 15, voll pubertär, auf der Suche nach
der eigenen Identität und gegen den Rest der Welt rebellie-
rend, zieht man nicht gerne um, könnte man meinen.
Jan zuckt nur mit den Schultern. „Ich habe die Leute hier
nicht verstanden oder besser deren Slang." Ich muss lächeln. Zwar war ich wesentlich jünger, als ich von Werne
in den Hunsrück zog, aber auch ich musste mich an den
fremden Dialekt gewöhnen.

35

„In der Schule musste ich mich doppelt konzentrieren", sagt Jan, „einmal inhaltlich und dann musste ich verstehen, was der Lehrer überhaupt gesagt hat. Standarddeutsch war das nicht." Nach einem Jahr habe Jan aber den Bopparder Dialekt drin gehabt.
„Sprache oder Dialekt – ist das Heimat?"
„Ja, total. Sprache ist Heimat. Man kann relativ schnell anhand der gesprochenen Sprache, der Mundart erkennen, woher die Leute kommen. Da stecken Identität und Kultur drin."

In Deutschland gibt es rund 16 größere Dialektverbände, dazu gehören unter anderem Bayerisch, Obersächsisch, Rheinfränkisch, Westfälisch, Ostwestfälisch, Brandenburgisch und Nordniederdeutsch, die jeweils wiederum breite Übergangsgebiete haben. In manchen Regionen gibt es Ortsdialekte, die nur in einem Radius von 30 Kilometern gesprochen werden. (Planet Wissen) [10] Der eigene Dialekt und ein ortsverbundenes Heimatgefühl hängen also irgendwie zusammen.

Der Rhein verbindet

Der Rhein ist Heimat. Und irgendwie ein Orientierungssystem. Er ist eine Verbindung

„Das soziale Umfeld, Vertrautheit, das ist auch Heimat", sagt Jan dann. „Für eine längere Zeit war ich mal in Thailand. Als ich von der langen Reise zurückkam, auf den Schlossberg in St. Goar sah, den Rhein, die Berge, da wusste ich, das ist mein Zuhause."
Manchmal braucht es das Wiederkommen aus der Ferne, um das Zuhause als Zuhause zu erkennen, denke ich. Um zu spüren, dass wir doch irgendwie zu einem Ort gehören oder er zu uns.
„Und was macht der Fluss mit dir? Der Rhein?", frage ich.

„Der Rhein ist Heimat. Und irgendwie ein Orientierungssystem. Er ist eine Verbindung, nicht nur durch seine Fließrichtung. Die meisten Orte am Rhein haben Gemeinsamkeiten, ob es die Straßenschilder sind, die nach dem Fluss ausgerichtet sind, oder die leichte rheinische Wesensart, den man den Menschen am Fluss zuspricht."
Köln, Koblenz, Boppard, Bingen, Mainz. Die Orte am Rhein sind durch ihn verbunden. Sie sind an derselben

Lebensader gewachsen und waren von ihrem Fluss und den Händlern abhängig. Das schafft Ähnlichkeiten.

Im Gegensatz zu den Höhenorten, die sind eher mit Hunsrück oder Taunus verbunden. St. Goar sei nun Teil der Verbandsgemeinde Emmelshausen geworden, spielt Jan auf die Fusion der Verbandsgemeinden St. Goar-Oberwesel und Emmelshausen zur Verbandsgemeinde Hunsrück-Mittelrhein an. Das mache für ihn keinen Sinn.

Backen ist Heimat

Wir sitzen in Jans Café und Konditorei, die auch schon seinem Vater gehörten. Die kleine Fußgängerzone St. Goars ist recht belebt und Reisegruppen sammeln sich wie Vogelschwärme vor den Souvenirläden, die sich hier gleich einer Perlenschnur aneinanderreihen.

Jan hat nicht nur eine Ausbildung zum Bäcker gemacht, sondern auch einen Meister als Bäcker und Konditor. Backen ist für ihn Leidenschaft, nicht nur ein Beruf.

„Wieso wolltest du Bäcker werden?"

„Nach der Schule musste man ja irgendwas machen", grinst Jan.

„Das geht wohl den meisten Menschen so."

„Naja, und ich wollte irgendwas mit meinen Händen machen." Irgendwas mit seinen Händen bedeutete für Jan eine Lehre zum Bäcker. Sein Vater war auch Bäcker. Wie bewusst die Entscheidung damals war, könne er jetzt nicht mehr sagen. Aber der Beruf sei definitiv eine Leidenschaft.

Jan konnte die Ausbildung auf zwei Jahre verkürzen und begann mit 18, seinen Meister in der Abendschule zu absolvieren.

„Ist dein Beruf Heimat für dich?", frage ich ihn, „falls man einen Beruf Heimat nennen kann."

„Mein Beruf? Essen beziehungsweise die Brotkultur sind für mich Heimat, also ja. Brot ist das Erste, was mir im Ausland fehlt, danach folgen Wurst und Käse", lacht er, „in welchem anderen Land hast du schon so eine Brotauswahl?"

Die verschiedenen deutschen Brotsorten sind im internationalen Vergleich mit Sicherheit eine Seltenheit und

39

vielleicht auch einmalig. Ob sie für mich Heimat sind? Eher nicht, aber eine Freude, wenn ich sie nach einem längeren Auslandsaufenthalt genießen kann. Für Jan hingegen schon: „Brot ist Heimat pur." Er verwende regionales Getreide. In St. Goar gab es bis vor acht Jahren noch eigene Felder, nun komme es aus der Eifel oder dem Westerwald.
„Das ist doch auch noch regional, oder?", fragt er mich schulterzuckend.
„Ich würde sagen: Ja."

Im Widerspruch leben

Wir kommen noch einmal auf den Rhein zu sprechen. Der Rhein trennt zwischen Koblenz und Mainz Hunsrück und Taunus. Auf den rund 90 Kilometern gibt es keine Brücke, jedoch viele Debatten, ob es eine geben soll. Es gibt zwar Fähren, aber die sind teuer und fahren nur bis 22 Uhr. Nachts bleibt einem also nur das eigene Boot, sofern man eins besitzt, oder der Umweg über eine der beiden Städte. Und so hat sich über die Jahre eine mal mehr, mal weniger gelassene Brücken-Lethargie bei den Bewohner:innen eingestellt.

„Der Rhein ist etwas, das verbindet und gleichzeitig trennt. Man kennt mehr Menschen in Koblenz als in St. Goarshausen", sieht mich Jan schulterzuckend an. Zwischen St. Goar und St. Goarshausen ist der Rhein gerade mal 400 Meter breit, doch wenn keine Fähre den Fluss überquert, wird er zum unüberwindbaren Naturereignis – und die Menschen auf der anderen Seite physisch unerreichbar.

„Eigentlich lebt man mit einem Widerspruch vor der Haustür, oder?", frage ich. „Der Fluss verbindet und trennt."
„Ja, total. Am Rhein zu leben, heißt, im Widerspruch zu leben."
Mir gefällt dieser Gedanke, denn im Widerspruch zu leben, heißt auch aushalten können. Heißt, sich einem binären Denkschema zu erziehen, welches eine genaue Zuordnung fordert. Heißt, dialektisch zu handeln und Dinge, nicht passen, einfach mal hinzunehmen. Vielleicht rührt daher die rheinländische Gelassenheit, frage ich mich.

„Hast du das Gefühl, der Fluss verändert deine Perspektive? Also deine Sicht auf die Welt?"
„Bestimmt", sagt Jan, „hier geht es ja nur rheinaufwärts oder rheinabwärts. Man sieht nach links oder rechts. Das, was vorne oder gegenüber, also auf der anderen Seite ist und oben, also in den Höhenlagen, ist eher uninteressant."

Mir persönlich würde es schwerfallen, in der Enge des Tals zu leben. Gleichzeitig finde ich die Enge faszinierend. Die rauen und scharfen Schieferwände offenbaren etwas Ursprüngliches, etwas, das vor Tausenden von Jahren entstand. Die Weinberge und der angrenzende Wald sind Kulturlandschaft.

Geschichten in Teekannen

Was passiert in einer Welt, in der diese kleinen Feinheiten, die besonderen Dinge an Bedeutung verlieren?

In Jans Café gibt es eine Besonderheit, vielleicht ist es die Besonderheit: Seine Kaffeekannen. Er besitzt mittlerweile über 1000 Tee- und Kaffeekannen aus verschiedenen Jahrhunderten und Ländern.
„Kaffeekannen können nicht maschinell gefertigt werden, die sind mit der Hand gemacht. Und jede der Kannen hat ihre Geschichte."
Seit über zwölf Jahren reiht er sie schon nebeneinander auf. Begonnen hat alles mit dem Nachlass seiner Großmutter. Danach habe er einfach weitergesammelt.
„Stell dir vor, dass so eine Kanne zwei Weltkriege überlebt hat, wie viele Erinnerungen an dem Porzellan haften. Ich könnte die nicht einfach wegschmeißen, auch wenn ich manche natürlich nicht schön finde."
Grüne, blaue, bauchige, schlanke, gemusterte – die verschiedensten Ausführungen an Kaffee- und Teekannen finden sich in Jans Regalen. An welchen Orten sie wohl gestanden haben, welche Hände sie berührt haben? Jahrhunderte hängen an diesen Objekten und ich stelle mir vor, wie mir beim Benutzen jede Kanne ihre Geschichte erzählt.

Heimat liegt in den kleinen Feinheiten verborgen. Doch was passiert in einer Welt, in der diese kleinen Feinheiten, die besonderen Dinge an Bedeutung verlieren? Weil es einfach zu viel von Allem gibt.

41

Wenn die Einzigartigkeit verschwindet, alles immer wieder neu konsumiert werden kann – was geschieht dann mit den Geschichten, die den Dingen innewohnen? Und was macht das schließlich mit uns?

Für Jan befindet sich seine Heimat am Rhein und in seinem Brot, das er mit seinen Händen erschafft. Und vielleicht auch in der Gelassenheit, dass die Welt und das Leben aus Widersprüchen bestehen.

Familie —
Was ist Heimat?

„Ich kann nur beim Gehen nachdenken. Bleibe ich stehen, tun dies auch meine Gedanken", schrieb der Philosoph Jean-Jacques Rousseau. Aus diesem Grund laufe ich nun den Rheinburgenweg oberhalb der Burg Sooneck entlang. Ob das Gehen meine Gedanken zusammenführt? Das weiß ich nicht. Wohl aber, dass das Zitat von Rousseau als meine Ausrede vor mir selbst dient, um nicht am Schreibtisch zu sitzen.

Der Rheinburgenweg ist der linksrheinische Fernwanderweg zwischen Remagen und Binger Mäuseturm. Auf 200 Kilometern Länge begleitet er den Rhein auf Hunsrück und Eifel.

Gerade befinde ich mich in der Nähe Niederheimbachs, nicht weit entfernt vom Start- oder Zielpunkt des Rheinburgenwegs in Bingen. Unterhalb von mir frisst sich ein riesiger Steinbruch in eine Quarzit-Ader des Hunsrücks und schafft so eine Mondkraterlandschaft. Das abgebaute Quarzit wird rheinaufwärts in Richtung Niederlande gebracht, um dort das Festland vor dem Meer zu schützen.

Je länger ich mir das Geschehen ansehe, Miniatur-Bagger dabei beobachte, wie sie riesige Felsbrocken durch die Gegend fahren, desto absurder erscheint mir unsere Welt. Also scrolle ich durch den Browser meines Handys:

„Wirkliche Heimat finden Menschen bei anderen Menschen. Bei jenen, die ihnen etwas bedeuten. 68 Prozent nennen Freunde und Bekannte, 80 Prozent Familie und Lebenspartner. Die höchste Zustimmung, 88 Prozent, erreicht die Antwort: ‚Heimat ist, wo ich mich geborgen fühle.'" (ZEIT) [11]

Diese Recherche bezieht sich auf die Vermächtnis-Studie, die Die Zeit, das Wissenschaftszentrum Berlin für Sozialforschung (WZB) und das Institut für angewandte Sozialwissenschaft (iinfas) entwickelt und finanziert haben. Im Mai 2019 wurden die Ergebnisse vorgestellt.

Also gut, denke ich, viele kluge Köpfe haben herausgefunden, dass 80 Prozent die Familie als Heimat sehen. Aber *Familie* – was ist das?

Familie als enges Bündnis, das waren mal Großeltern, Vater, Mutter und mindestens zwei Kinder – alle an einem Ort lebend, für immer versammelt. Doch schon dieses Familienkonzept war eher Idealbild und Plakatmotiv völkischer Parteien als Ist-Zustand, denke ich an meine Oma und an die Fluchtgeschichten der vergangenen Generationen.

Heute ist Familie Patchwork. Familie ist die alleinerziehende Mutter mit Kind, genauso der alleinerziehende Vater. Familie ist ein Männerpaar mit Tochter. Familie kann über mehrere Orte, gar Kontinente verstreut leben.
Familie ist eine sich ändernde Struktur, ein offenes Konzept, das aufbricht und sich neu definiert. Familie ist nichts Manifestes. Familie können auch einfach Menschen sein, die ohne Verwandtschaftsbezug unter einem Dach leben. Womit der Begriff zu seinem eigentlichen Ursprung zurückkehrt: Menschen, die zusammen wohnen.

Für mich bedeutet Familie: Mein Bruder, meine Mutter, mein Stiefvater, nähere und ferne Verwandte. Aber vor allem mein Freund und meine Freund:innenschaften.

Während ich auf eine Lichtung zusteuere, über tradierte und neue Familienkonzepte nachdenke, rufe ich meinen Bruder an. Den Menschen, der die meisten prägenden Erlebnisse mit mir teilt, so anders ist und doch ein wenig wie ich.
„Raphael, was ist Heimat für dich?"
„Wahrscheinlich verbinde ich dieses Gefühl am meisten mit dem Hunsrück."
„Was ist mit Bonn? Was ist mit Jena? In beiden Städten hast du gelebt beziehungsweise lebst du schon eine längere Zeit?"
„Mit Bonn verbinde ich heimische Gefühle, mit Jena eher nicht."
„Und was heißt Heimat für dich? Ist es dasselbe wie Zuhause?"
„Nein, auf keinen Fall. Heimat und Zuhause sind nicht dasselbe. Schau mal, im Französischen sagt man anstatt zu Hause ‚chez moi' oder ‚chez toi', was ‚bei mir' oder ‚bei dir' bedeutet. Es gibt also eine Präposition, die das Wort ‚Haus' in Bezug auf etwas setzt. Heimat ist etwas viel Umfassenderes."
„Mmh."
„Ich denke, dass Heimat etwas mit Geborgenheit zu tun hat. Heimat kann ein Ort oder ein Mensch sein. Ein Ort, zu dem man gehen kann, wenn es einem nicht gut geht. Heimat ist von sehr vielen individuellen Faktoren abhängig: Für den einen mag es eine Landschaftsstruktur sein, die Berge, das Meer, die Weite einer Landschaft. Für einen anderen ist es die Familie, sind es die Freunde oder der Sportverein. Für wieder einen anderen sind es bestimmte Erlebnisse."
„Und meinst du, es gibt noch Menschen, die ein Nomadengen in sich haben?"

„Wie meinst du das?"

„Naja, ich meine Menschen, die wandernd um die Welt laufen und überall heimisch sind."

„Meinst du dich?"

„Ja, vielleicht."

„Naja, eher nicht", er lacht, „wir Menschen sind schon seit ein paar Tausend Jahren Siedler, und von denen stammst du auch ab."

„Okay."

Ich überlege einen Moment, mir fällt ein, dass Sehnsucht oft mit Heimat assoziiert wird und frage ihn dann: „Was denkst du, was Sehnsucht ist?"

„Vielleicht so etwas wie Fernweh, nur kann sich das auf alles beziehen. Auf alles, was man vermissen kann. Und Sehnsuchtsorte sind oft Rückzugsorte. Oder Orte, an denen man viel Freude erlebt hat."

„Danke."

„Na klar, du Nomadin."

Für eine Weile bleibe ich auf einem herumliegenden Baumstamm sitzen, den ich in der Lichtung entdeckt habe. Wippe ein wenig hin und her, lasse mir die Sonne ins Gesicht scheinen.

Dann rufe ich meine Mutter an. Sie wohnt seit 26 Jahren im Hunsrück, davor lebte sie sechs Jahre in Werne, studierte in Aachen und verbrachte ihre Kindheit sowie Jugend in Oberaden im Ruhrgebiet.

„Mama, was ist für dich Heimat?"

„Puh, ich mag den Begriff nicht."

„Wieso?"

„Er ist so bieder, er klingt altbacken. Er klingt nach Gardinen, Vorgarten, Vorstadtsiedlung und Gartenzwergen. Für mich ist der Begriff eher negativ besetzt."

„Ich verstehe, was du meinst. Würdest du stattdessen Zuhause bevorzugen?"

„Ja, schon eher."

„Ok, was ist Zuhause für dich?"

„Ankommen und So-Sein. Also einfach sein. Ein Ort, an dem ich hundert Prozent ich selbst sein kann und mich wohlfühle. Und eben ankommen, das ist mir auch wichtig."

„Ist das der Hunsrück für dich?"

„Weiß ich nicht. Aber in Werne habe ich immer dieses Gefühl. Da komme ich an und fühle mich wohl."

„Und sonst?"

„Was steht denn im Lexikon?"

„Keine Ahnung. Mir war es wichtig, zuerst persönliche Gedanken und Eindrücke zu sammeln, bevor ich mir Definitionen durchlese."

„Schau doch mal nach."

Ich scrolle durch ein paar Definitionen, die Heimat auf vielfältige Weise definieren, mich aber dem Begriff nicht wirklich näher bringen.

Ich frage mich, wie ich Familie und Heimat für mich zusammenbringen kann. Welches Bild entsteht in mir? Wenn 80 Prozent der in Deutschland lebenden Menschen Familie als Heimat sehen, muss das für mich doch auch irgendein Gefühl erzeugen. Oder gehöre ich zu den anderen 20 Prozent?

Egal, wo ich bin, die Stimmen meiner Mutter, meines Bruders, meiner engsten Freund:innen, sind es, die mich erden. Ein kurzer Wortwechsel, eine Sprachnachricht, ein *Ich denk an dich* genügt, um mich aufzufangen – einen Ort braucht es dafür nicht. Es ist ein zwischenmenschliches Zuhause.

Und gleichzeitig sind es auch die Menschen, die mich am meisten durcheinanderbringen können. Aber vielleicht ist das gut so.

Auszug „Stufen" – Hermann Hesse

Und jedem Anfang wohnt ein Zauber inne
Es muß das Herz bei jedem Lebensrufe
Bereit zum Abschied sein und Neubeginne,

(...)

Wir sollen heiter Raum um Raum durchschreiten,
An keinem wie an einer Heimat hängen,

(...)

Kaum sind wir heimisch einem Lebenskreise
Und traulich eingewohnt, so droht Erschlaffen;
Nur wer bereit zu Aufbruch ist und Reise,
Mag lähmender Gewöhnung sich entraffen. [12]

Die anatolische Köchin
Saynur Sonkaya-Neher | Lorch

Es ist Mitte Juli. Das Tal zwischen Hunsrück und Taunus wird zu einem Hitzebecken, in dem die Luft bis spät in den Abend drückend steht. Es ist der dritte Sommer, der kaum Regen bringt. Die Weinberge sind noch grün, doch das wird sich bald ändern.

Ich möchte mit Saynur Sonkaya-Neher sprechen. Sie ist Türkin und sie ist Deutsche. Seit August 1997 lebt sie in Lorch, einer kleinen Gemeinde in Hessen am Mittelrhein. „Die Zahl der Menschen, die (auch) mit türkischer Staatsangehörigkeit in Deutschland leben, sinkt seit dem Höchststand von 2,1 Millionen im Jahr 1999 ständig auf 1,47 Millionen im Jahr 2018." (Statista) [13] Gründe der rückläufigen Tendenz sind neben Einbürgerungen und Sterbefällen auch Rückkehrer.

Als ich Saynur Sonkaya-Neher anrufe, um nach einem Interviewtermin zu fragen, ist sie skeptisch: Sie wolle mich zunächst kennenlernen, dann wolle sie entscheiden, ob sie ein Interview möchte. Denn zu oft seien schon ganz andere Sachen entstanden. Dinge, die sie so nicht wollte. Ich bin natürlich einverstanden, kann sie verstehen. Ich höre ihr weiter zu und lasse mich langsam gegen die Bruchsteinmauer der Burgterrasse fallen. Eine Eidechse flitzt über die warmen Steine.
„Ehrlich gesagt, verstehe ich nicht, warum es für den Begriff, also Heimat, keinen Plural gibt. Warum kann man keine zwei Heimaten haben?", sagt Saynur plötzlich, als ich unser Telefonat schon für beendet halte.
„Darüber habe ich mir auch schon Gedanken gemacht", antworte ich, „vielleicht sind in Heimat mehrere Heimaten mit eingeschlossen?"
„Wissen Sie, in anderen Sprachen gibt es für das Wort auch keinen Plural. Wann können Sie denn kommen?"

Eine Woche später fahre ich nach Lorch, einer 3.800-Einwohner-Stadt im Rheingau, um Saynur Sonkaya-Neher kennenzulernen. Lorch erstreckt sich wie die meisten Gemeinden am Rhein entlang des Flusses. Enge, verwinkelte

Straßen prägen das alte Stadtbild, und ein paar Häuserreihen schieben sich den Berg hoch.
Das Wohnhaus von Saynur Sonkaya-Neher schließt an
das Weingut an, das sie gemeinsam mit ihrem Mann
betreibt. Das Gebäude liegt mitten im alten Stadtkern,
Weinreben ranken sich um den Eingang, die Nachbar-
häuser stehen nur ein paar Meter entfernt.
„Man schafft sich in einem Ort seine eigene Heimat. Die
Wälder, die Weinberge werden zu einem Zuhause", sagt
Saynur, als wir auf ihrer Dachterrasse sitzen und über
die verwinkelt stehenden Häuser Lorchs blicken. Seit
2019 hat Saynur die deutsche Staatsbürgerschaft, ob sie
damit nun Deutsche sei? Ja, sagt sie, aber auch Türkin.

Schlägel, Eisen und Wein

1990 kam Saynur nach Deutschland, und ging zunächst
nach Duisburg ins Ruhrgebiet. Ihre erste Begegnung mit
dem neuen Land war eine Positive: „Parks, Freiheit und
Feste", lacht sie, „das Ruhrgebiet ist eine Arbeiter-Ge-
gend. Die Menschen dort sind ziemlich unkompliziert."
Das hört man oft, denke ich und habe meine Großväter
vor Augen: Beide waren Bergarbeiter in der Zeche „Haus
Aden". Der eine Steiger, der andere Sprengmeister. „Unter Tage sind alle gleich", Worte, die ich mit Schlägel und
Eisen verbinde und mit den Zimmerwänden meines Stei-
ger-Großvaters.
Vielleicht ist es der Pragmatismus, der im Notfall Leben
rettet, das Anpacken ohne viel „Gewese" drum zu machen und die Gemeinschaft unter Tage, die das Ruhr-
pott-Wesen geprägt haben. Ich weiß zumindest sofort,
was Saynur meint, wenn sie von der schlichten, unkom-
plizierten Arbeitermentalität spricht.

Durch ihre Ehe ist sie nach Lorch gekommen. Ihren Mann
habe sie „ganz klassisch" bei einer Weinprobe kennen-
gelernt. „Ein Winzer kann seinen Weinberg nicht mitnehmen", lächelt sie und zuckt mit den Schultern, das sei ihr
Weg ins Mittelrheintal gewesen.
Lorch und das angrenzende Wispertal erinnerten sie
landschaftlich an ihre türkische Heimat Trabzon. Trabzon ist eine Stadt im Nordosten der Türkei. Sie liegt an

**Wasser be-
deutet Freiheit
und Unend-
lichkeit.**

der türkischen Schwarzmeerküste und ist umgeben von grünen Bergen und Tälern.

„Wasser und Wälder sind für mich zwei wichtige Komponenten in meinem Leben", sagt Saynur, „Wasser bedeutet Freiheit und Unendlichkeit. Die Wälder sind für mich Naturverbundenheit. Eine Naturverbundenheit, wie ich sie in dem Dorf meiner Kindheit erlebte." In Lorch habe sie zwar nicht das Meer, dafür aber den Rhein.

Längst sitzen wir mehr als die geplanten 20 Minuten des Kennenlernens auf ihrer Terrasse. Hin und wieder taucht Saynurs Skepsis in unserem Gespräch auf. Sie blickt mich für einen Moment lange an, lässt sich dann aber doch wieder in ihren Redefluss zurückfallen.

Heimat sind die Wurzeln, die einen ausmachen

„Wenn man nach Heimat sucht, findet man das, was in einem ist", sagt Saynur. Es sind die Wurzeln, die einen ausmachen.

Als sie nach Lorch zog, arbeitete sie als Schulsozialarbeiterin und an den Wochenenden zusätzlich in der Straußwirtschaft ihres Mannes.

„Sieben Tage in der Woche zu arbeiten, wird einem irgendwann zu viel." Sie hatte das Gefühl, sich entscheiden zu müssen, und sie entschied sich für das Weingut.

„Aber dann wollte ich es mitgestalten: Das Weingut sollte auch einen Teil von mir zeigen, sodass ich mich darin wiederfinde." So bekam das Weingut einen türkischen Klang. Ornamente sowie Blau- und Türkistöne sind in der Gestaltung von Visitenkarten bis zur Wandfarbe zu finden. Die Speisen werden wie in der Türkei auf vielen, kleinen meeresfarbenen Tonschalen serviert. Es gibt Mokka, türkischen Kaffee, zu trinken und es gibt türkische Küche.

„Türkische Küche in einer Straußwirtschaft – ein Ort, der von Schinkenplatten, Wurst und Wein nur so wimmelt – das klingt nach kulinarischer Revolution am Mittelrhein", sage ich.

„Wir haben nur zwei Fleischgerichte, der Rest unserer Karte ist vegetarisch oder vegan", lächelt Saynur und manifestiert damit ihre Neuordnung der Mittelrheinkulinarik.

„Natürlich frage ich mich: Warum habe ich nicht viel früher mit der türkischen Küche begonnen? Warum habe ich so lange gewartet?". Die 52-Jährige sagt schließlich, dass sie sich erst selbst bewusst werden musste. An den Punkt kommen musste, an dem sie die Dinge fließen lassen konnte, ohne nach dem Richtig oder Falsch zu suchen.

„Man muss zu seinen Wurzeln stehen. Erst dann kann man das tun, was authentisch ist, was zu einem gehört." Der türkische Teil gehöre genauso zu ihr wie der Deutsche. „Und ich möchte beide Teile leben."

Sprache ist eine Brücke

Um das neue Land zu verstehen und Teil davon zu werden, war es Saynur wichtig, schnell die deutsche Sprache zu lernen. „Sprache ist das Kommunikationsmittel, über das du wahrgenommen wirst. Ohne Sprache hast du keine Stimme." Ihr Vater, der schon vor ihr in Duisburg lebte, habe sie gleich am Tag ihrer Ankunft ins kalte Wasser geworfen und sie beim Bäcker Brötchen kaufen lassen. „Natürlich konnte ich nur meine drei Brötchennamen aufsagen sowie Bitte und Danke. Der Rest lief über Gestik und Mimik. Doch das hat mir geholfen."

Sprache ist eine Brücke, um wirklich im neuen Land anzukommen, sagt Saynur. Das Bild, das sie mit ihren Worten zeichnet, gefällt mir – eine Brücke als verbindendes Element zwischen Menschen, Kulturen und Ländern. Eine Verbindung zwischen dir und mir.

Sprache lässt uns ins Verbindung treten mit der Wirklichkeit und der Welt, die uns umgibt. Sprache ist ein Code, den ich verstehen können muss, um teilzuhaben, mich zu verständigen und wahrgenommen zu werden. Ob in kulturellen oder sozialen Kontexten oder in anderen Ländern.

Wer bin ich wirklich?

„Mir ist es wichtig zu sagen, dass ich das Leben in Deutschland wirklich wertschätze." Und gleichzeitig, so Saynur, gebe es Momente und Begegnungen, die erlebe sie nur in der Türkei.

Sie erzählt von einem ihrer letzten Türkeibesuche, bei dem sie auf der Suche nach einem speziell eingelegten Gemüse war. „Ich hatte so wahnsinnig Lust auf diesen Geschmack, fand es aber nirgends." Saynur erwähnte ihre Suche gegenüber einer Kassiererin im Supermarkt. Diese wusste jedoch auch nicht, wo man die Feinkost kaufen konnte, hatte aber noch etwas davon bei sich zu Hause. Am nächsten Tag stand das eingelegte Gemüse vor Saynurs Haustür. „Diese Art von uneigennütziger Freundlichkeit, einem Fremden etwas Gutes zu tun, das erlebe ich nur in der Türkei."

Mit Deutschland und ihrer zweiten Heimat Lorch verbinde sie hingegen „Verwirklichung, Selbstbewusstsein, Emanzipation und kulturelles Leben".
Ich lasse diese großen Begriffe bewusst so stehen und blicke mit Saynur über die Dächer von Lorch.
Die Sonne scheint durch den Stoff des hellblauen Sonnenschirms. Rechts von uns befinden sich die Weinberge des Taunus sowie das angrenzende Wispertal, und links fließt der Rhein. Hier oben sitzt man versteckt, gar verborgen. Hier, zwischen den Dächern der kleinen Stadt am Rhein, hat Saynur ihren Rückzugsort gefunden, den sie nach langen Tagen in der Straußwirtschaft braucht.

„Wäre ich heute auch der Mensch, der ich jetzt bin, wäre ich damals in der Türkei geblieben?", fragt Saynur mehr sich selbst und hält inne.
„Man passt sich ja immer der Umgebung an. Der Weg, den man geht, der formt einen natürlich", sagt sie. Es ist die Reise, unser Leben, zu dem wir aufbrechen und zu dem wir dann selbst werden.

Kochen ist Heimat

„Wenn ich einen Bohneneintopf mache, so wie ihn meine Mutter früher gemacht hat, dann ist das Heimat. Dazu gehören grüne Bohnen, Kartoffeln, Butter, Zwiebeln und Tomaten. Und eine Scheibe Brot", lacht sie. „Die Scheibe Brot schmeißt man in den Suppenteller", sodass es klatscht, das sei genau das Gefühl von Zuhause, von Heimat – diese Wohligkeit und Vertrautheit.

Die Reisen in die Türkei, zurück in ihre erste Heimat, sind Inspirationsquelle für Saynur. Die Farben, das Essen, die Gewürze, die Stoffe, die man auf den kleinen Märkten kaufen kann, von all dem nehme sie gerne etwas mit nach Deutschland.
„Natürlich gibt es mittlerweile auch große Supermärkte und Shopping Malls in Trabzon, so wie überall auf der Welt. Aber die interessieren mich nicht, dort findet nicht das Leben statt." Es sind identitätslose Orte, die überall auf der Welt das Gleiche anbieten und überall auf der Welt gleich sind. Sie bieten dem, der Käufer:in durch ihre Gleichförmigkeit zwar Orientierung, aber wenig Überraschung, was wiederum den Reiz eines anderen Ortes ausmacht.
„Bei einem kleinen Gemüsehändler bekomme ich unverpacktes, tolles Gemüse. Da weiß ich, derjenige geht mit Lebensmitteln gut um."

Das ist Saynur nicht nur für ihre eigene Küche wichtig – seit 2013 gibt sie Kochkurse, die binnen kurzer Zeit ausgebucht sind. Ihre Teilnehmer kommen aus der Region, aber auch aus Brüssel, der Schweiz oder aus Köln. Über die Kochkurse kann sie einen Teil ihrer türkischen Identität, ihrer Kultur weitergeben. Kochen wird zur gemeinsamen Sprache.

Vielleicht ist das „Wo" einer Heimat egal, wenn man weiß, wo der Ort in einem selbst ist.

Wenn Saynur von der türkischen Küche, dem Kochen spricht, muss ich an französische Filme wie „Chocolat", „Comme un Chef" oder „Ratatouille" denken, in denen die Liebe zum Essen, zum einzelnen Gewürz, ob Zimt oder Koriander, auf besondere Art gezeigt wird.
Kochen ist hier nicht nur Zweck zur Nahrungsaufnahme, sondern wird zur Kunst. Hinter jedem Gericht verbirgt sich eine andere Landschaft, die einen träumen lässt und einen auf eine Reise mitnimmt. Kochen ist Teil einer gelebten Esskultur, die Saynur ihren Gästen, den Teilnehmern ihrer Kochkurse und ihrer Familie weitergibt.
„Es ist das Leben am Tisch", sagt sie, „auch das möchte ich meinen Kindern weitergeben. Man isst gemeinsam." Achtsamkeit, Wertschätzung und Genuss und damit verbundenes gutes Essen seien Teil ihrer Familie.
„Jeder Mensch trägt seinen Teil zur Gesellschaft bei, und

ich kann mit Sorgfalt und Empathie weitergeben, was mir wichtig ist."

„Yuva", erklärt mir Saynur am Ende unseres Gesprächs, „heißt Sitz oder Horst im Türkischen." Vielleicht ist das „Wo" einer Heimat egal, wenn man weiß, wo der Ort in einem selbst ist. Wenn man weiß, wer man ist und das lebt. So wie Saynur – die für sich erkannt hat, dass türkische Wurzeln zwischen Mittelrheinreben wachsen können und anatolische Küche eine verbindende Kraft hat.

Sie verabschiedet sich mit den Worten: „Mich, Saynur, machen zwei Heimaten aus." Dann sieht sie mich lächelnd an: „So viel habe ich schon lange keinem mehr erzählt."

Die Suche macht Löcher

Je mehr ich frage, je mehr ich suche und je mehr ich an Wissen ansammle, was alles Heimat sein kann, desto weniger weiß ich, was Heimat für mich ist. Die leise Ahnung, was dieses Wort für mich bedeutet, verliert sich durch das ständige Hinterfragen und Graben.

Ich sehe den bekannten Wald vor lauter Bäumen nicht – stattdessen sehe ich Äste, wuchtige Stämme und Blattgrün. Das meiste sieht ziemlich chaotisch aus.

Meine Suche erschafft mehr Löcher und gibt mir im Moment mehr Fragen auf den Weg, als dass sie welche beantwortet. Vielleicht gehört das zum Suchen dazu. Vielleicht ist das der Kern jeder Suche: Man muss durch einen Berg voll Chaos waten. Es ist anstrengend und mühsam. Und gerade fühle ich mich leer, obwohl ich so viel Wissen, Antworten und Gedanken gesammelt habe.

Ich lege mich auf das warme Sonnendeck des Südturms und schließe die Augen. Die Burg Sooneck steht unbeirrt auf ihrem Platz, denke ich, und das ist gut so.

Der Zweifler
Frank Zimmer | Bacharach

„Die Klinke musste weit über hundert Jahre alt sein, und diese Erkenntnis lähmte ihn wie einen Schock. Als die Klinke an der Tür befestigt wurde, hatten die Leute, die das bezahlten, noch nichts von zwei bevorstehenden Weltkriegen gewusst (...) Niemand hatte darüber nachgedacht, dass die Klinke ihren Besitzer spielend überleben würde. (...) Einen Neubau, in dem alles jünger war als er selbst, hätte er nicht ertragen. Er wollte kein Haus, in dem jede Scheuerleiste seinem persönlichen Gestaltungswillen folgte. (...) Er wollte der Welt nichts Neues hinzufügen, sondern das Vorgefundene erhalten. Denn darin bestand die heilige Aufgabe dieser hektischen Epoche: das Bestehende gegen die psychotischen Kräfte eines überdrehten Fortschritts zu verteidigen." [14] Als ich die Zeilen im ersten Kapitel von Juli Zehs „Unterleuten" lese, muss ich an Frank Zimmer und sein Haus denken.

Das Haus, in dem Frank zehn Jahre lebte und das er jetzt nur an Wochenenden oder in seinem Urlaub besucht, steht in Bacharach. Bacharach ist einer der Orte am Oberen Mittelrheintal, der für Postkartenmotive gebaut worden zu sein scheint: Weinberge, Fachwerkhäuser, enge Gassen mit plätscherndem Bachlauf dazwischen. Heinrich Heine, Clemens Brentano und Victor Hugo grüßen als Figurentrio vom Rhein – Rheinromantik pur, wenn man es so will.
In einer dieser engen Gassen steht seit 1867 das Haus von Frank. Schon lange ist es in Familienbesitz, sein Urgroßvater lebte darin.
Frank selbst ist in Olpe aufgewachsen, seine Ferien verbrachte er meist in Bacharach, „im Süden", wie er sagt.
„Im Süden?", hake ich nach.
„Für einen aus Nordrhein-Westfalen ist das hier Süden, und für einen aus Olpe ist Bacharach Umbrien." Frank ist Werber, Journalist und Blogger. Schnell merkt man, dass ihm das Spiel mit den Worten Spaß macht, aber auch die Suche nach den richtigen.

Enge und Weite

Mit Bacharach verbinde er am ehesten so etwas wie ein
Heimatgefühl. „Natürlich liegt das zum einen am Haus
meiner Familie und den damit verbundenen Kindheitserinnerungen. Aber auch an der Landschaft am Mittelrheintal. Die ist einmalig."
Wir sitzen auf der Dachterrasse seines Hauses. Nur ein
paar Meter entfernt beginnt ein Weinberg, der zum Familienbesitz gehört. Die Sonne leuchtet grell, und es ist
warm. Umbrien ist auf einmal näher als man denkt.

Um auf die Terrasse zu kommen, mussten wir durch
ein schmales Fenster im Dachgeschoss klettern. Frank
grinst: „Das war schon immer so. Eine Tür hat's hier noch
nie gegeben."
Von hier aus sieht man über die Fachwerkhäuser Bacha-
rachs. Man kann das rechtsrheinische Ufer sehen und
die Weinberge. Der Rhein hingegen versteckt sich in den
Häuserreihen. „Wenn du 15 Meter den Berg hochgehst",
Frank deutet auf den wild bewachsenen, steilen Weinberg, „dann siehst du den Rhein."
„Was macht die Landschaft für dich hier so besonders?
So einzigartig?", frage ich Frank.
„Vielleicht sind es die alten Laubwälder, die hier teilweise
noch stehen."
Die alten Buchen, die an manchen Hängen des Mittelrheintals wachsen und mit ihrem Blätterdach Kathedra-
len formen.
„Es ist die Enge des Tals", fährt er fort, „sobald man den
Weinberg hochsteigt, hat man einen Weitblick. Es sind
Enge und Weite im Wechselspiel, die die Gegend besonders machen." Aber auch die originellen, alten Häuser
in Bacharach, die ungewöhnlich nah beieinander stehen,
die Burgen und Wälder, der Perspektivwechsel, den man
alle paar Meter bekommt – all das mache für ihn den Ort
so einzigartig.

Ankerpunkte und Ortswechsel

Seit zwei Jahren lebt Frank mit seiner Frau und seinen beiden Töchtern in Hamburg, davor wohnte er fast 17 Jahre

in München. An verschiedenen Orten ein Zuhause zu haben, gehört für ihn zum Leben dazu. Bacharach war dabei stets der Ort, der für ihn so etwas wie ein Ankerpunkt war. Das mag an den Kindheitserinnerungen liegen oder an dem familiären Besitz.

„Generell ist es schwierig für mich zu sagen, was Heimat ist, weil es nicht die eine Heimat gibt. Ist das NRW? Ist das München? Oder ist es jetzt Hamburg?" So wie es Frank beschreibt, geht es vielen Menschen. Unsere heutige Berufswelt verlangt Ortswechsel. Umzuziehen ist keine Ausnahme mehr, sondern Normalität. Was macht das mit den Menschen?

„Immer weniger von uns leben heute noch an dem Ort, an dem sie geboren wurden. Klassische Beziehungsmuster, die lange allgemeingültig schienen, haben an Bedeutung verloren. Die voranschreitende Globalisierung der Welt geht für manche mit einem Zuwachs an Lebensmöglichkeiten einher, für andere mit Gefühlen des Selbstverlustes", [15] so beschreibt es Daniel Schreiber in „Zuhause". Vielleicht ist Franks Haus, das so lange in Familienbesitz ist, ein Halt gebender Baustein gegen diese Entwurzelung, gegen diesen Selbstverlust, von dem Schreiber spricht.

„Vielleicht rührt mein Heimatgefühl in Bacharach auch von dem Unveränderlichen hier. Manche Dinge sehen noch genauso aus wie zu meinem achten Lebensjahr", sagt Frank. Das scheinbar Unveränderliche gibt Sicherheit. „Ebenso das Eigentum, der familiäre Besitz", fügt er hinzu. Zu wissen, da steht immer ein Zuhause, was einem gehört, das vor einem war und nach einem sein wird, bringt Stabilität in ein Leben, das von Umzügen und vielen Reisen geprägt ist, denke ich.

Doch nicht alles ist gleichgeblieben. Noch vor 20 Jahren gab es viel mehr Geschäfte, der Einzelhandel ist in Bacharach fast zum Erliegen gekommen. So geht es vielen Orten im Tal: Es gab mal eine große Auswahl an Handwerkern, Metzgern, Bäckern und sogar Modehäuser. Heute gibt es die nicht mehr. Dafür gibt es große Supermarktketten wie Aldi, Rewe oder Lidl. Aus vermeintlichem Pragmatismus werden identitätslose Konsumhallen gebaut, die die Ortskerne aussterben lassen.

Die voranschreitende Globalisierung der Welt geht für manche mit einem Zuwachs an Lebensmöglichkeiten einher, für andere mit Gefühlen des Selbstverlustes

Es ist ein globales Phänomen, das vor allen in kleineren Orten und Städten sichtbar ist.
„Das Leben, wie es früher auf der Straße stattfand, fehlt jetzt", sagt Frank nachdenklich.

Der Geist der Ahnen

„Soll ich dir mal das Haus zeigen?", fragt er plötzlich, als sollte uns die Aktivität aus der Nachdenklichkeit retten. Wir klettern durch das kleine Fenster zurück ins Dachgeschoss. Der Boden knarzt, die Wände stehen verwinkelt zueinander. Einen Teil des Hauses habe er schon renovieren können, doch das sei viel Arbeit.
„Ich verfüge leider über keine handwerklichen Fähigkeiten. Daher dauert der Umbau länger als erwartet."

Wir gehen von Stockwerk zu Stockwerk, in fast jedem Raum stehen alte Möbelstücke. Ein Tisch, der vielleicht 60 Jahre alt ist, und eine Kommode, die noch 20 Jahre älter sein könnte. Das Mobiliar, das seit einigen Jahrzehnten dort steht, zieht meine Aufmerksamkeit auf sich. Die Kratzer und Macken sind mir egal.
Frank zuckt gelassen mit den Schultern, die Möbel gehören eben zu dem Haus. Für mich sind diese Möbelstücke wie Juli Zehs Türklinke oder wie die Kaffeekannen des St. Goarer Konditors Jan Schnichels. An diesen Dingen klebt Geschichte, sie haben einen Charakter, sie erzählen etwas. Sie sind das Gegenteil einer Ikea-Einrichtung oder den immer weißen Turnschuhen unserer Gesellschaft.
Selbst wenn ich die Geschichten nicht kenne, finde ich, dass von den alten Gegenständen eine Aura ausgeht, die das Immer-Neue nie haben wird. Diese Dinge haben eine Identität, die berührt.

„Bacharach und das Haus sind meine Seelenheimat", sagt Frank schließlich, „das Haus war schon immer da, und hier finde ich Ruhe und Sicherheit. Aber meinst du nicht auch, dass Heimat eine Last sein kann?"
„Wie meinst du das?", frage ich.
„Als eine Einschränkung."
„Das Haus? Weil es einen bindet?"

„Ja, genau", sagt Frank und fügt an: „So ein Haus kostet viel Arbeit und Zeit. Und man fragt sich hin und wieder: Ist das eine sinnvolle Investition? Ist das schlau? Letztlich investiere ich mehr in das Haus, als es eigentlich wert ist."

„Und, ist das gut?", sehe ich ihn an, „oder schlecht? Wie fühlt sich die persönliche und finanzielle Investition für dich an?"
Er lacht: „Naja, vielleicht wie eine Ehe." Man müsse Kompromisse eingehen. Würde man das Haus verlassen, würde man ein Stück weit seine Identität verlieren.
„Dann klingt die Last nur halb so schlimm", sage ich und Frank lacht.

Manchmal frage er sich auch, was sein Ur-Ur-Ur-Opa sagen würde: „Wie schön, das Haus ist immer noch im Familienbesitz. Oder: Jetzt sitzt der Idiot immer noch in der alten Hütte."
„Tja, rausfinden wirst du es nicht."
„Eben."

Ob es wichtig wäre, das zu wissen, wundere ich mich. Wahrscheinlich nicht. Als ich gehe, empfinde ich das Haus als einen Anker in dieser ruhe- und rastlosen Zeit, in der man immer wieder woanders sein kann, seine Identität zurücklässt, sich neu erfindet.
Was letztlich dann doch nur scheinbar funktioniert. Denn mit der Neufindung kommt meist die Sehnsucht. Die Sehnsucht nach einem Ort, der Geborgenheit und Sicherheit gibt, eben nach einem Zuhause.

Alte Häuser und der Krempel meiner Ahnen

Alte Häuser erzählen Geschichten: In Weimar lagen unter meiner Tapete noch die beigen Formen der DDR-Tapete auf den Gründerzeitwänden, und unter dem Laminat knarzte das Fischgrät-Parkett. Mehrere Jahrzehnte, Jahrhunderte, verschiedene Staaten und Regierungen auf nur wenige Millimeter zusammengepresst und unter dem Jetzt verborgen. Die Sorgen und Freuden der Menschen waren unseren teilweise ganz ähnlich und manchmal ganz fern.

Natürlich liegt in dem Gedanken auch etwas Verklärtes oder Verträumtes – mal abgesehen von der Arbeit, die so ein altes Haus mit sich bringt.

Dennoch ist in einem Altbau etwas spürbar, das lange vor mir war und nach mir sein wird. Diesen Gedanken mag ich: Es ist eine philosophische Idee, das Leben nicht als ein lineares Konstrukt zu betrachten, das mit einem selbst beginnt und endet, sondern als eine Form, in die das Ich irgendwo einfließt und irgendwo wieder entschwindet.

Ich finde, diese Betrachtung hat etwas Befreiendes. Sie entbindet uns von einem „wenn ... dann" und räumt Möglichkeiten der Abzweigungen, Auswege und Umwege ein.

Unfrei macht hingegen der Besitz, mit den wir unsere (inneren) Räume füllen.

„Die Deutschen vermachen, unbeeindruckt von Kriegen, Währungsreformen und Inflationen, jedes Jahr mehr. (...) vor allem, mit etwa der Hälfte des Erbschaftsvolumens – Häuser und Grundstücke. (...) Knapp 400 Milliarden Euro jährlich, schätzt das Deutsche Institut für Wirtschaftsforschung." (Fluter) [16]

Neben Häusern, Grundstücken und Geld wird auch viel Krempel vererbt: Fotoalben, CD-Player, Puppensammlungen. All das türmt sich zum eigenen Besitz. Im Schnitt gehören zum Eigentum des Durchschnittseuropäers rund 10.000 Dinge (Süddeutsche) [17]. Eine ganze Menge. Allein in meinem Bücherregal stehen 203 Bücher, bei denen es sich nur um eine Auswahl handelt. Weitere Kartons sind im Keller, auf dem Speicher oder bei Freund:innen geparkt.

Wir leben in einer „Krempelkultur", in der die Dinge nicht wertgeschätzt werden, sondern einfach nur rumstehen. „Moderne Menschen leben seit mehr als 40.000 Jahren auf der Erde", schreiben Kulturanthropologen der Universität von Kalifornien, Los Angeles, kurz: UCLA. „Doch nie zuvor hat eine Gesellschaft so viele persönliche Gegenstände angesammelt." (Zeit) [18]

Neben dem ökologischen Fußabdruck, den der viele Krempel hinterlässt, handelt es sich dabei nicht mehr um besondere oder einzigartige Gegenstände. Das meiste davon ist ein Zuviel von allem. Geschichten oder Erinnerungen haften selten am Überfluss.

Und glücklich machen die vielen Dinge den Menschen auch nicht: Zu viel Besitz belastet. Er macht unfrei.

Loslassen

Neulich habe ich mich mit einer Freundin in Mainz getroffen. Wir gingen am Rhein spazieren, ich erzählte ihr von meiner Suche nach Heimat, dem Gefühl, der Verlorenheit und dem Druck, jetzt sofort eine Antwort finden zu müssen. Sie blickte mich einen Moment an und dann auf den Rhein:

„Weißt du noch – als du letztes Jahr diesen jungen Mann in Boppard getroffen hast, der sagte, wenn es ihm schlecht gehe, dann wandere er einfach zum Rhein und der nehme dann seine Gedanken mit?"

„Ja, ja. Ich weiß. Ich komme nur gerade nicht auf seinen Namen."

„Ist auch nicht so wichtig. Aber ich finde, das ist so ein schönes Bild. An das ich jetzt jedes Mal denke, wenn ich den Rhein sehe."

Ich muss lächeln.

„Das stimmt, irgendwie schon."

Mein inneres Chaos, das durch meine Suche entstand, ist immer noch da. Gleichzeitig habe ich durch Frank Zimmer festgestellt, dass auch ich Fixpunkte habe, an die ich zurückkehren kann: Es ist meine Wohnung in Mainz, in der mein Bücherregal steht, der Hof meines Freundes, der Kastanienbaum und die Hängematte darunter.

Vielleicht darf auch das Loslassen in eine poetische Betrachtung des Heimatbegriffes mit aufgenommen werden, denke ich.

71

Die Künstlerin
Odelia Lazar | Niederwallmenach

„An guten Tagen bin ich beides – Deutsche und Israelin, an schlechten Tagen bin ich gar nichts", sagt Odelia und sieht mich an.

Odelia Lazar ist Israelin, Tel Aviverin, Musikerin und Jüdin. Seit 1981 lebt sie in Deutschland. Im Februar 2020 erhielt sie die deutsche Staatsbürgerschaft.

Odelia kenne ich bereits aus dem vergangenen Jahr, als ich als Burgenbloggerin das Mittelrheintal erkundete. Jede unserer Begegnungen war von einer besonderen Intensität geprägt. Die Gespräche mit ihr brauchten nie einen Anlauf, sondern waren schnell unmittelbar, direkt, tief. Nun möchte ich von ihr wissen, wie sie sich als Jüdin in Deutschland fühlt und wie sie als Tel Aviverin Heimat definiert.

Die feinen Unterschiede

Menschen, die sich in ihrem Leben entschließen oder entschließen müssen, ihr Land zu verlassen und in ein neues Land gehen, vereinen oft zwei Identitäten und Kulturen in sich. Es ist die Identität des Herkunftslandes und die des neuen Landes. Teilweise werden die beiden Identitäten als Bereicherung empfunden. Teilweise aber auch als Last, die mit einer Verlorenheit einhergeht, nirgends mehr zu Hause zu sein.

„Odelia, wann bist du Deutsche, wann Israelin?"
„In Deutschland gibt man sich beim Betreten eines Einkaufscenters die Türe in die Hand, man hält sie dem Nächsten offen", erklärt sie. „In Israel macht man dies nicht, dort lässt man die Tür zufallen. Ich stand schon vor so einer Tür in Tel Aviv und hielt sie fünf Minuten auf, ohne zu merken, dass ich in den israelischen Modus umswitchen muss."

In Israel ist Odelia die Deutsche, in Deutschland ist sie die Israelin. Oft sind es die kleinen, unbewussten Handlungen, Verhaltensweisen und Momente, die sie als die jeweils andere „entlarven".

Wenn sie aus Israel zurückkomme, versuche sie immer,

die Offenheit und das Temperament, die Schnelligkeit des dortigen Lebens mitzunehmen und in ihr deutsches Leben zu integrieren, aber das gelinge ihr nicht lange. So wie der Sand aus den Urlaubsschuhen nach und nach schwindet, verliert sich auch das israelische Bon Vivre. „In Deutschland habe ich manchmal den Eindruck, dass alles gedämpfter ist. Ein wenig wie unter einer Glasglocke, wie unter Silvia Plaths Depressionsglocke."

In Deutschland sei das Leben indes langsamer, sicherer und viel ordentlicher als in Israel. Manchmal eben auch trister. Zum einen liegt es am Wetter in Israel: Die helle Sonne, der Himmel, der blauer und intensiver aussieht, die Wärme, die erdrückend sein kann, aber auch Energie gibt. Und es ist die Mentalität der Menschen: Ihr Blick nach außen ist offener. Begegnungen sind spontaner und leichter.
Wenn sich nun ein Teil der eigenen Identität mit dieser Leichtigkeit identifiziert, misst man diesen Teil natürlich, wenn er nicht gelebt werden kann. Das Nicht-ausleben-Können macht traurig, man zweifelt an der eigenen Zugehörigkeit.
„Man fragt sich, wer bist du tatsächlich? An guten Tagen bin ich beides, an schlechten keines – doppelt halbiert", beschreibt sich Odelia in einem Dazwischen, das keinen Halt gibt.

Die Frau mit den roten Locken wuchs mit zwei Sprachen auf: Hebräisch und Deutsch. In der deutschen Sprache war für sie immer das Gefühl von Heimat verborgen. Ein Gefühl der Vertrautheit und der Familiengeschichte. Dieses Gefühl lässt sich nicht leicht in Worte fassen. Es ist ein Faden, der Vergangenes mit der Gegenwart verwebt und die eigene Identität mit einspinnt.
Odelias Mutter kommt aus einer jüdisch-polnischen Familie und wurde in Heidelberg geboren. Ihr Vater ist in der Slowakei geboren. Beide flohen vor dem Holocaust nach Palästina.

Heute hat Odelia vor ihrem Haus eine deutsche und eine israelische Flagge gehisst.
„Meine israelischen Freundinnen sagen, ich solle das las-

Es ist ein Faden, der Vergangenes mit der Gegenwart verwebt und die eigene Identität mit einspinnt.

73

sen – das sei zu gefährlich. Aber ich finde, man muss zeigen, dass das geht. Dass man die Grenze überschreiten kann. Dass man beides sein darf." Und eine Verbindung schafft zwischen dem, was als unüberwindbar galt, denke ich.
„Hast du denn Angst?"
Odelia blickt mich abwägend an.
„Dass die Leute Steine auf mich werfen könnten?", sagt sie schließlich. „Ja, das sehe ich als reelle Gefahr. Man wächst als Israelin mit dem Holocaust und vielen Kriegen auf. Die Corona-Krise legt sich allerdings über alles. Ich habe das Gefühl, dass Covid alle Traumata und persönlichen Schicksale verdeckt. Sie darunter verschwinden lässt. Wie schnell wir uns daran gewöhnt haben, dass Covid-19 unser Leben verändert hat."

Die Worte Daniel Schreibers fallen mir ein, dass wir uns im Grunde in einer Sicherheit wiegen, „dass unsere emotionale Verfassung nur wenig damit zu tun hat, was um uns herum passiert, (...) was man früher ‚Weltläufe' nannte. Eine notwendige Illusion wahrscheinlich, ohne die wir unser tägliches Leben kaum bewältigen könnten." [19] Corona brach diese Illusion auf, für jeden von uns, und zeigte auf ergreifende Weise, dass es kein manifestes Anrecht auf Sicherheit, Stabilität und Gesundheit im Leben gibt. Corona zeigte, dass das, was Schreiber Weltläufe nennt, eben doch Einfluss auf unsere emotionale Verfassung hat. Dass diese Weltläufe ein fragiles Gebilde sind, die sich jederzeit ändern können. Die Zerbrechlichkeit unseres Lebens verschwindet nur gerne hinter den Weichzeichenfiltern des Alltags.

Landschaftsmuster

„Das Landschaftsmuster meiner Heimat bin ich", zitiert Odelia den isrealischen Poeten Saul Tschernichowski. „Oder: Ich bin das Landschaftsmuster meiner Heimat. Genauer kann ich es nicht mehr übersetzen."
Doch die Bedeutung wird klar: Meine Herkunft ist Teil meines inneren Codes, den ich nicht überschreiben kann. Aber wie viel davon prägt mich, wie viel davon nehme ich an einen neuen Ort mit?

Ein Haus, das Jahrhunderte verbindet

„Heimat", sagt Odelia, „ist da, wo meine Kinder sind."
Ihre Tochter lebt in Nieder-Olm, ihr Sohn in Heidelberg.
Außerdem habe sie eine „alte" erste Heimat, das sei Tel
Aviv, Israel und eine „neue" Heimat, das sei Deutschland.
Doch vor allem ist Heimat ihr Haus in Niederwallmenach.

Niederwallmenach ist ein 400-Einwohner:innen-Dorf
rund 13 Kilometer von Kaub entfernt und befindet sich
auf dem Taunus. In Kaub haben Blüchers Schlesische
Armeen 1814 den Rhein überquert. Das Haus, in dem
Odelia mit ihrem Lebensgefährten Michael lebt, ist 400
Jahre alt und eins der drei ältesten Gebäude im Ort.

Der Boden ist uneben und aus der Zimmerdecke tritt
das tragende Fachwerk hervor. Man spürt die Jahre, die
durch Haus zogen, es mit Leben und Geschichte füllten.
Für Odelia ist das alte Haus und dessen Geschichte sehr
bedeutend. Sie könnte nicht in einem Neubau leben,
sagt mir mein Gefühl.
Denn wie auch Franks Haus verbindet es Jahrhunderte:
Es stand schon an dieser Stelle, als Spanier und Schweden über das Land zogen. Es wird erzählt, dass Blücher
auf dem Weg nach Kaub dort übernachtet haben soll.
Das Fachwerkhaus erlebte zwei Weltkriege und befindet
sich nun in einer Welt, die immer schneller und abstrak-
ter wird.

Koriander, Schuld und Opportunismus

Odelia, Michael und ich sitzen an einem runden Tisch in
ihrem Wohnzimmer. An der Wand lehnt ein Gemälde und
ein Chanuka-Leuchter steht hinter mir. Auf dem Tisch ist
israelische Küche gedeckt: Hummus, Tahini, Bulgur mit
Koriander, Fladenbrot und Salat.
„In Deutschland sagen die Menschen immer, dass sie
aus einer bestimmten Region kommen – ich bin Schwa-
be, ich bin Rheinhesse, ich bin Franke. Sie sagen selten,
dass sie Deutsche sind", sagt Odelia.
„Woran liegt das?", frage ich.
„Wenn ein Deutscher voller Stolz sagt, dass er Deutscher

ist, kann er gleich sagen, dass er Neo-Nazi ist", antwortet Odelia.

„Meinst du wirklich?"

„Ja, ich denke schon. Ich glaube, die deutsche Identität ist bis heute nicht frei von Schuld. Zumindest nicht, was uns Juden betrifft."

„Das kann sein." Ich denke über meine Tel-Aviv-Reise des vergangenen Jahres nach: Unbefangen und frei wie bei einem Spanienurlaub habe ich mich nicht gefühlt. Woran es lag, kann ich nicht sagen. Hin und wieder tauchte die Frage auf, als ich durch die engen Gassen Jaffas lief, ob es okay sei, als Deutsche eine entspannte Zeit in Tel Aviv zu verbringen, Urlaub zu machen. Ein Gefühl, achtsamer als sonst zu sein, war einfach da, ohne dass mir jemand einen Anlass dazu gab. Ganz im Gegenteil – die Menschen, denen ich von meiner Herkunft erzählte, waren interessiert, freundlich, sie wollten mehr von mir erfahren.

„Die Hessen sagen immer, dass die Norddeutschen stur sind, und das Gleiche sagen die Norddeutschen über die Hessen", fährt Odelia fort, „es gibt hier eine regionale Aufladung mit Identität."

„Die Schwaben sind Schwaben, die Franken sind Franken, die Harzer sind Harzer. Da sind der eigene Dialekt, die Mundart und die Bräuche", fügt Michael hinzu.

Für Odelia hat Heimat viel mit dem Boden unter den Füßen zu tun, also mit dem Land, auf dem man sich bewegt. „Das jüdische Volk hatte nie ein Land", sagt sie im Laufe unseres Gesprächs und mir wird bewusst, was Grund und Boden in Bezug auf Heimat bedeuten kann.
Man selbst bewegt sich mit einer Selbstverständlichkeit in einem Land, auf einem Land, weil man einfach davon ausgeht, dass man ein Teil davon ist. Man fühlt sich berechtigt, dort zu sein, ohne diese Berechtigung jemals infrage zu stellen. Wenn diese Selbstverständlichkeit jedoch nie existent war, bekommt Land als Grund und Boden noch einmal eine ganz andere Bedeutung: Das Land wird essentiell. Der Wunsch, Land zu besitzen ist dem inhärent.
„Die Juden hatten nie eine Heimat. Israel ist die Heimat

der Juden aller Welt – von Einwanderern und Auswanderern, und Israel ist auch die Heimat der Palästinenser – zwei gleich heimatlose Völker mit ein und derselben Sehnsucht", sagt Odelia.

Für Michael ist Heimat da, wo er sich wohlfühlt, „und das kann überall auf dem Planeten sein".
„Aber du lebst hier in Deutschland", blickt Odelia ihn ernst an.
„Ja, aber das ist kein Muss, ich könnte auch in Irland leben."
„Tust du aber nicht."
Michael lächelt.
„Heimat ist jedenfalls der Ort, an dem ich mich für den Moment an wohlsten fühle."
„Das ist keine Heimat. Das ist Opportunismus. Warum nennst du Deutschland nicht Heimat?", fragt Odelia ihn skeptisch.
„Dazu müsste ich mich erst mal als Deutscher definieren. Und das wollten wir, das heißt die 68er, nie."

„Ob ich mich als Deutsche definieren würde?", frage ich mich während die beiden diskutieren. Was heißt das schon, „deutsch" zu sein? Sprache und Brotkultur fallen mir als Erstes ein. Doch Sprache ist letztlich auch wieder ein Konglomerat aus stetiger Veränderung und Anpassung, auch wenn sich manch eine:r gerne dagegen wehrt.

Und ist es überhaupt möglich, sich als etwas oder jemand zu definieren? So banal die Frage klingt: Dazu müsste man durch den Spiegel gehen und sich selbst erkennen. Wer sich so eindeutig definiert, tut das oft als Abgrenzung von oder zu etwas. Ich lasse meinen Blick über Odelias Buchstapel schweifen, der auf ihrem Sofa wächst.

Heimat zwischen Ideologie und Binationalität

„Heimat ist auch ein ideologischer Begriff. Es geht um Nationalität, um Eigenschaften, die ein Volk haben soll. Findest du nicht, dass in dem Begriff auch etwas Negatives steckt?", sieht Odelia mich kritisch an.
„Absolut. Lange habe ich mir schwer getan mit dem Wort

,Heimat' und würde nicht sagen, dass ich mich jetzt mit dem Begriff angefreundet habe. Doch gerade deswegen finde ich ihn so spannend."

Heimat ist ein problematischer und großer Begriff.

Ich könnte auch von Zuhause schreiben, denke ich. Doch Heimat ist weiter gefasst, größer – ob positiv oder negativ. Heimat ist diskursiv. Heimat ist eben nicht nur Geborgenheit oder ein Ort des Ankommens. In Heimat steckt auch Vergangenheitsverklärung, etwas Antiquiertes, das Ewiggestrige, die „gute, alte Zeit". Ein Wort, das gerne von Rechten mit Vaterlandsideologien in Häkeldeckchen-Manier aufgeladen wird.
Heimat ist ein Wort, das bieder und rückwärtsgewandt klingt. Aber gleichzeitig eine grenzenlose Weite beschreibt. Und manch einer, der von Heimat sprechen möchte, weicht lieber auf „Zuhause" aus, um den negativen Beigeschmack zu umgehen. Doch gerade dieses Spannungsfeld macht es für mich so interessant.

„Heimat ist ein problematischer und großer Begriff", bringt Odelia meine Gedanken zusammen. „Ein- und Auswanderer entscheiden sich, ihre Heimat zu verlassen, oder werden dazu gezwungen. Dadurch ist man mit zwei Ländern, Kulturen und Völkern verbunden. Das bringt eine kosmopolitische Sichtweise mit in das neue Land. Gleichzeitig kann man das Land von außen betrachten, obwohl man darin wohnt. Das fördert Binationalität."

Den Wald gleichzeitig von Innen und aus Vogelperspektive betrachten – funktioniert das wirklich?
„Meiner Meinung nach funktioniert diese kosmopolitische Sichtweise nur, wenn die eigentliche Herkunft als etwas Positives gesehen wird. Wenn dein Herkunftsland negativ bewertet wird, dann ist es schwierig, sich von diesem Stigma zu befreien und einen freien Blick zu entwickeln. In Deutschland und auch in anderen Ländern, gibt es ,gute' und ,schlechte' Herkunftsländer", sage ich zu Odelia. „Wie meinst du das?"
„Dass du als Spanierin, Italienerin oder Israelin anders bewertet wirst als eine Türkin, Araberin oder Iranerin. Für Herkunftsländer gibt es bestimmte Etiketten und Kategorien."

„Ja, der Israelin gegenüber empfindet man sofort Schuld",
lacht sie.
„Genau. Eine Spanierin wird als Exotin gesehen und der
Iranerin haftet im Vorurteil schon eher eine befremdliche
Andersartigkeit an."
„Das ist eine interessante Beobachtung."

Ähnlich beschreibt es auch Margarete Stokowski in ihrem
Essay „Sprache" (in „Eure Heimat ist unser Albtraum").
Margarete Stokowski ist polnisch-deutsche Autorin und
Kolumnistin bei dem Nachrichtenmagazin DER SPIE-
GEL: „Als Kind dachte ich lange Zeit, bilingual aufzuwachsen, heißt, dass man außer Deutsch auch Franzö-
sisch oder Englisch zu Hause spricht und nicht das, was
die ‚Polacken' und ‚Kanacken' tun. ‚Bilingual' klang wie
etwas Wertvolles ... Polnisch war gleichbedeutend mit
arm, gleichbedeutend mit: besser nicht da." [20]
Ich teile Stokowskis Ansicht und finde, dass gerade
durch diese Kategorisierungen rassistische und diskrimi-
nierende Ressentiments entstehen und die Dominanzgesellschaft weitere Missstände fördert.

„Deutsche erwarten oft, dass Einwanderer mutieren und
zu perfekten Deutschen werden", sagt Odelia. Dass diese Erwartung unsinnig und vermessen ist, braucht man
eigentlich nicht zu sagen. Trotzdem gibt es diesen Tenor
und ich frage mich, woher er kommt. Wer spricht da?
Und wer nimmt sich die Berechtigung, so etwas Vermes-
senes zu erwarten?
Dazu passt, was der Autor Daniel Schreiber sagt: „Immer
wieder wird bei uns von Menschen, die nicht von hier
kommen, die Unterwerfung unter ein Wertesystem ge-
fordert, von dem niemand genau weiß, was es eigentlich
bedeutet oder aus welchen Werten es sich zusammen-
setzt." („Zuhause") [21]
„Letztlich müssen wir schauen, wie wir Heimat gestalten.
Ob national verhaftet oder divers denkend, rückschritt-
lich oder kosmopolitisch, als Bürger dieser Welt", schließt
Odelia ab.

„Möchtest du einen Kaffee?", fragt mich Michael dann.

Letztlich müssen wir schauen, wie wir Heimat gestalten. Ob national verhaftet oder divers denkend

Ein Besuch auf der Burg

Es vergehen ein paar Wochen, der Sommer spült weiterhin Sonne und Hitze ins Tal. An heißen Tagen wie diesen kämen normalerweise rund 180 Besucher auf die Burg Sooneck, doch Corona lässt das petrolgrüne Tor geschlossen. So habe ich die Mauern für mich.

Das Gespräch mit Odelia klingt nach. Es fühlt sich noch nicht beendet an. Gemeinsam besucht sie mich mit Michael und ihrem Enkel Noam auf der Burg Sooneck.

Sehnsucht

„Du hast bei unserem Gespräch auch nach dem Begriff ‚Sehnsucht‘ gefragt, oder?", blickt Odelia mich an.

„Ja."

„Wieso Sehnsucht?"

„Ich denke, wenn man sich auf die Suche begibt, was alles Heimat sein kann, liegt in der Suche immer eine Sehnsucht verborgen. Daniel Schreiber sagt es ganz treffend: ‚Etwas Tieferliegendes (...), ein Gefühl von Geborgenheit, (...), das viele Menschen mit ihrem Zuhause verbinden.‘ Wenn man eben das Gefühl nicht hat, ob an einem Ort oder bei einem Menschen, beginnt man zu suchen." [22]

„Hm", Odelia sieht sich nachdenklich um, „ich glaube, als älter werdender Mensch hat man immer weniger Sehnsüchte. Als junger Mensch ist das etwas anderes. Da stehen einem alle Türen offen, man kann sich selbst erfinden. Da ist die brennende Sehnsucht nach der Liebe, nach dem Leben. Das schwindet im Alter."

„Gibt es denn Orte, nach denen du dich sehnst?"

„Ja, der Strand und das Meer in Tel Aviv. Aber es ist vor allem das Sitzen an diesem Ort. Der Ort ist ein Dazwischen, zwischen Land und Wasser. Und dazu gehört der Blick in die Weite des Meeres. Stundenlang kann ich dort sein, verspüre vollkommenes Dasein und inneren Frieden."

„Eine Heimat im Dazwischen", sage ich fast mehr zu mir selbst als zu Odelia. Erkenne, dass in meinem vielen Unterwegssein zwar die Unrast der einsamen Wanderin liegt, doch gleichzeitig auch ein Teil von mir und das Vertrauen, Heimat im Ungewissen zu finden, Heimat im Aufbruch zu sehen. Und darin eine treibende Kraft für sich selbst zu finden. Das ist gut, denke ich, auch wenn ein Stück Verlorenheit mit läuft.

„Der jüdische Friedhof in Bornich ist auch so ein Sehnsuchtsort", reißt Odelia mich aus meinen Gedanken. „Er ist der Beweis für mich, dass ich als Jüdin hier leben darf, weil es Juden vor mir an diesem Ort gab."

Und auch in der Musik fühlt Odelia diese Sehnsucht: „In der Musik liegt die Sehnsucht nach alten Zeiten, nach einem berauschenden Gefühl von Freiheit. Musik ist der Klang des Lebens."

Der Formwandler
Bernie Schiffmann | St. Goarshausen

Odelia hat mich auf eine Idee gebracht. Sie führt mich zu Bernie. Bernie ist das Blues-Herzstück des Mittelrheintals. Ich kenne ihn auch aus meiner Zeit als Bloggerin und weiß, dass sein Ort gestrandete Seelen auffängt.

„Die Dinge müssen sich ändern, um zu bleiben." – Siri Hustvedt

Heimat ist für Bernie Schiffmann der Ort, aus dem er kommt. Damit meint er den Ort seiner Kindheit, in dem er aufgewachsen ist und seine Jugend verbrachte – ganz einfach sein Herkunftsort. Dieser Ort ist Ingelheim am Rhein. „Heimat ist unveränderbar, Heimat ist ein fester Ort", sagt er entschieden und fügt an: „Man kann nur eine Heimat haben."
Ich sehe ihn skeptisch an und frage: „Das heißt, kein anderer Ort kann zu deiner Heimat werden?"
„Ja!"

Eigentlich könnten wir hier aufhören, Bernies Definition von Heimat liegt irgendwo zwischen Grimmschem Wörterbuch und Brockhaus-Enzyklopädie. Für ihn ist der Begriff weder romantisch aufgeladen, noch stecken antiquierte Ideologien darin.

Heimat ist unveränderbar, Heimat ist ein fester Ort.

Heimat ist kein irrealer Sehnsuchtsort. Es geht Bernie um den geografischen Ort, in den ein Mensch hineingeboren wird, wo die frühen Sozialisationserfahrungen stattfinden. Eigentlich.

Die Moiren und das Schicksal

Wir sitzen auf Bernies Terrasse. Sie befindet sich vor dem Eingang der ehemaligen Bluesbar. Die August-Hitze liegt schwer auf dem Pavillondach, das uns vor der Sonne schützt. Meine Handflächen sind trotz ständigem Waschen klebrig, und ich wundere mich über die Hitzeresistenz mancher Rheinbesucher, die wie Robben in der prallen Sonne liegen.

Es gab eine Zeit in Bernies Leben, da stellte er sich die Frage öfter: „Was ist Heimat? Was ist Zuhause?" Drei Jahre lebte er in München, ein Jahr in Berlin, mehrere Jahre in Wiesbaden, Mainz und Bingen. Er war viel unterwegs, bereiste die Welt. Die letzten zehn Jahre wohnte er in einem alleinstehenden Haus an der B42 zwischen Weinbergen und Rhein. Dort, an den Fuß der Loreley, hätten ihn die Moiren – die griechischen Schicksalsgöttinnen – geworfen. Für Bernie ist klar, Heimat und Zuhause sind zwei unterschiedliche Bereiche. Heimat ist die eigene Herkunft, das Milieu, aus dem man kommt, der geografische Ort der Kindheit.

„Und was ist Zuhause für dich?"

„Zuhause ist da, wo ich gerade bin. Zuhause ist da, wo meine Liebe wohnt und wo meine Musik ist. Und vor allem dort, wo ich meine eigene Mitte finde."

Seine eigene Mitte hatte Bernie eine Zeit lang verloren. Er trank zu viel, wurde Alkoholiker. Nachdem er trocken war, half er anderen aus der Sucht.

Ich schließe meine Hände um das kalte Glas Wasser, das vor mir steht, und halte es an meine Stirn. Die erhoffte Abkühlung bleibt aus. Die Hitze flimmert über dem Asphalt und ein Motorrad knattert laut vorbei.

Bernie brauche nicht viel, um ein Zuhause zu finden, das meiste habe er hier, er zeigt auf das Spotify-Icon seines Smartphones, und ich muss lächeln.

„Was machst du, wenn du an einen Ort kommst, der dir nicht gefällt?"

„Da, wo es mir nicht gefällt, da bleibe ich nicht."

„Das ist sehr konsequent."

Bernie zuckt mit den Schultern.

„Und was machst du mit dieser gesellschaftlichen Erwartung, sich auf einen Ort festlegen zu müssen?", frage ich ihn.

„Das ist doch nur eine Frage, woran man sich orientiert. In den USA ziehen die Menschen öfter um als hier. Mir ist das egal, was jemand denken könnte."

„Das kann nicht jede:r."

„Generell lasse ich die Dinge erstmal auf mich zukommen. Doch wenn mir etwas nicht guttut, dann muss ich

es ändern." Bernie hält kurz inne und sieht mich dann an: „Man muss sich stetig ändern, um sich selbst treu zu bleiben. Das habe ich aus der Suchttherapie und aus der Arbeit mit Süchtigen mitgenommen. Es gibt viele Menschen, die verharren lieber in ihrem Leid, weil es ihnen vertraut ist. Die Frage ‚Was passiert, wenn ich aufhöre zu saufen?' löst hingegen Angst aus. Denn da ist eine Unbekannte, die ich nicht einschätzen kann."

Man muss sich stetig ändern, um sich selbst treu zu bleiben.

„Das kann man doch auf das ganze Leben beziehen", sage ich, „wir sind Gewohnheitswesen. Neues bedeutet zunächst Chaos und Umstrukturierung. Das macht Angst und kostet Kraft. Gewohnheit gibt Sicherheit, selbst wenn der Rahmen uns schadet."

„Genau. Kennst du die Pink Floyd Platte ‚The Wall'? Auf dieser ist eine weiße Wand abgebildet, in der Wand ist eine Tür versteckt. Was sich auf der anderen Seite befindet, weiß keiner." Sie aufzumachen, bedeutet Leben, denke ich. Sie geschlossen zu lassen, ist Stillstand.

Alles fließt

Während Bernie seine kleine, runde Brille abnimmt, die mich an John Lennon erinnert, beobachte ich einen silbernen Kleinwagen, der auf dem Parkplatz der Bar hält. Da hängt ein Schild „Heute geschlossen!". Der Fahrer steigt aus, sieht zu uns hoch, dann auf das Schild. Er bleibt an seinem Auto stehen und scheint zu überlegen, was er tun soll. Schließlich geht er den Parkplatz ab und steigt wieder in sein Auto.

„Ist das, was ‚Zuhause' für dich ausmacht, veränderbar?"

„Bis auf die Musik", lacht er, „ja, natürlich. Das kann sich wandeln. So wie sich alles wandelt. Nichts bleibt. Aber man muss die Veränderung auch akzeptieren und vor allem sich selbst mit verändern. Wenn du dich nicht fallen lässt, zerstörst du deine eigene Dynamik."

„Es fließen lassen und loslassen können", sage ich und blicke zum Rhein, der zum Sinnbild für Heraklits Flusslehre wird: Panta rhei – alles fließt. Man kann nicht zweimal in denselben Fluss steigen. Eine identische Wiederholung gibt es nicht, denke ich, aber wir Menschen mögen diese Vorstellung nicht sehr gerne, leben lieber so, als gäbe es ein „Immer".

87

Ein Güterzug rattert durch unser Gespräch, die Bremsen quietschen laut, der eiserne Klang zwingt uns innezuhalten.

„Weißt du, letztlich gehört dir nichts wirklich. Wenn du dich an dein Interieur und dein Häuschen klammerst, weil du Angst vor Veränderung hast und Angst vorm Loslassen, wird trotzdem eines Tages alles vorbei sein."

In den Ecken der Terrasse stehen Scheinwerfer. Die sind für die letzten Konzerte, die hier noch stattfinden werden. Das Haus ist verkauft. Wohin Bernie dann gehen wird, das brauche ich ihn nicht zu fragen, dass wissen nur die Moiren.

„Georg Ringsgwandl – Nix Mitnehma."

„Hm?", sehe ich Bernie fragend an, der zu summen beginnt.

„Den musst du kennen", beschließt er und spielt mir einen Song vor:

„Hey, du konnst Ministerpraesident sei von an Staat,
Der im Ruestungsgschaeft prozentual de Finger hot.
Du konnst Kardinal sei, schee feierlich und fett,
Oder frommer Pfarrer, mit Zoelibat und Doppelbett,
Doch du konnst da nix mitnehma,
Naa, du konnst da nix mitnehma.
Frog amoi an Teife, frog an liabn Gott, ..." [23]

„Der bringt es auf den Punkt", sagt Bernie. Er scheint für jeden Moment, jedes Gefühl, jede Lebenslage mindestens einen passenden Song zu kennen. Die Musik spricht für ihn.

Erwartungen und Gleichmut

„Weißt du", sieht er mich an und dann über die Straße hinweg, „die Schicksalsgöttinnen können sehr launisch sein. Im Leben gibt es kein ‚Warum' und ‚Deswegen', Schicksal hat keine Gründe. Es schmeißt dich irgendwohin und du kannst das Beste daraus machen. So sehe ich das."

Bernies Worte erinnern mich an den Stoiker und Philosophen William Irvine, der zum Perspektivenwechsel rät, um sich so in Gleichmut und Gelassenheit zu üben. Ob wir glücklich sind oder nicht, hänge letztlich von unseren Erwartungen ab und mit welchen Situationen wir die unsrige vergleichen. Kontrolle über das Leben habe man nicht, nur darüber, wie man damit umgehe, wie man „es frame" – heißt, in welchen Kontext wir das Erlebte setzen. [24]

Für Bernie war es wichtig, sich sein Zuhause in der Musik zu suchen. Einen Ort zu finden, an dem Anderssein Platz hatte und um dem Konformitätsdruck der Gesellschaft zu entfliehen.
„Wenn du dich mal aus der Käseglocke der Gesellschaft befreit hast, brauchst du trotzdem Gleichgesinnte, mit denen du dich identifizieren kannst. Jemanden, der dich spiegelt, sonst fühlst du dich verloren. Und für mich war das die Musik."
Die Musik der 60er-Jahre war Revolution und Gesellschaftskritik in einem und für Bernie ein Zufluchtsort. Mit 15 Jahren gründete er seine erste Band, er wollte so sein „wie die Beatles, die Stones, anders als das Establishment." In den Biografien der Bands, den Lebensläufen der Musiker fand er Gemeinsames, sie waren ein Spiegel, in der Musik fand er ein Zuhause.

Der amerikanische Journalist Andrew Solomon beschreibt, dass die Weitergabe von Identität in der Familie meist in bekannten Bahnen verläuft, er nennt es „vertikale Identität". [25] Bricht ein Kind jedoch komplett aus dieser Bahn, steht diese Identität quer zum Stammbaum. Die Identität des Abweichlers nennt Solomon „horizontal".
Abweichler suchen andere Abweichler. Ideale und Werte, das Gefühl von Zuhause und Sicherheit, Geborgenheit finden sich dann nicht in der Familie. Sie werden woanders gesucht. Dieses Woanders kann Musik, Kunst oder die Peer-Group – eine Gruppe Gleichgesinnter sein.

In der Bluesbar steht ein Schlagzeug, hin und wieder spielt Bernie darauf. Auf den Tischen, an denen sonst die Gäste saßen, türmen sich gerade CDs und Platten. Ich überlege kurz, einen Plattenstapel durchzusehen, lasse ihn dann doch, wie er ist.
Gedanken um sein Alter habe er sich nie gemacht, sagt Bernie. Bald wird er 70 Jahre, die Haare trägt er lang und

meist zum Zopf gebunden. Rückblickend habe er alle zehn Jahre etwas Neues begonnen, die letzten zehn Jahre habe er der Bluesbar gewidmet. Was nun komme? Er lächelt und zuckt mit den Schultern. Dann nimmt er sein Smartphone in die Hand und macht einen Song an.

„John Mayall – Room to Move, der begleitet mich seit den 60er-Jahren."

„You gotta free me
'Cause I can't give the best
Unless I got room to move.
If you want me darlin'
Take me how you can
I'll be circulating,
'Cause that's the way I am." [26]

Bernies Sehnsucht nach Freiheit und seinen Wunsch nach stetem Wandel kann ich nachempfinden. Musik spiegelt für ihn das Leben: „In wenigen, einfachen Zeilen wird so viel gesagt."

Geschichten-Heimat

Vor Kurzem musste ich in einem Fragebogen meinen Lieblingsort beschreiben: Der Ort, der mir als Erstes einfiel, war ein gutes Buch. Eine Geschichte, die mir einen Raum gibt, mich in eine andere Welt entführt, mich das Hier und Jetzt vergessen lässt.

Bernie führt mich in unserem Gespräch, mit seinen Gedanken zu mir selbst. Er zeigt mir mein selbst geschaffenes Zuhause, meine Heimat im Innern. Was für ihn die Musik ist, sind für mich das Schreiben und das Zeichnen.

Ich kann mich nicht erinnern, wann oder warum ich angefangen habe zu schreiben, zu zeichnen, zu malen. Es kam, es war einfach da wie das Laufen. Irgendwie ganz selbstverständlich.

Es gab Zeiten, da war das kreative Schaffen aus mir selbst heraus meine einzige Sprache. Es war mein Schutzraum. Gleichzeitig war und ist es ein Raum, in dem ich auf Gleichgesinnte treffe.

Ich musste nicht wie Bernie mit meiner Kunst gegen das Establishment rebellieren. Ich habe mir meine eigene Welt, mein Zuhause geschaffen, weil mein eigentliches Zuhause zerbrach. Als ich elf Jahre alt war, trennten sich meine Eltern. Das war zu dem Zeitpunkt mein größter erlebter Schicksalsschlag. Der meinen Blick auf die Welt und mein bisheriges Leben veränderte.

Ich blieb bei meinem Vater, der spät nach Hause kam und früh zur Arbeit ging. Mit dem Alleinsein kam ich gut zurecht, schwieriger war es, Worte für die Einsamkeit zu finden.

Vielleicht mag ich die Burg Sooneck deswegen so gerne: Sie ist eine Festung, ein Schutzraum. Sie gibt ihren Bewohner:innen Sicherheit.

Eine der häufigsten Fragen, die mir als Bloggerin auf der Burg Sooneck gestellte wurde, war, ob ich nicht Angst habe, alleine auf der Burg zu sein.

Kunst, egal ob Musik, Schreiben oder Malen, ist für den Menschen wichtig, weil sie einen Freiraum darstellt – heraus aus der Normativität und Produktivität des Alltags.

Musisches Schaffen ist einer der sensibelsten Prozesse, der aus einem Menschen heraus entstehen kann. Und gleichzeitig bedeutet musisches Schaffen, dass man einen Freiraum für sich gefunden hat – im Innen und im Außen – in dem man arbeiten kann.

Nicht jeder Ort kann einem diesen Freiraum geben: Man muss sich sicher fühlen. Angenommen werden als der Mensch, der man ist.

Musisches Schaffen braucht eine Heimat, einen Nährboden, um zu wachsen.

Und Angst hatte ich auf der Burg Sooneck nicht.

Zu viel Zucker

Langsam gehe ich die steinerne Treppe des Südturms herunter und muss lächeln. Leo ist heute da. Leo, der Burgwärter, ist mittlerweile in Rente. Doch hin und wieder kommt er.

Er gießt die Rosen und schneidet den Lavendel zurück. „Mädchen, setz dich für einen Moment zu mir. Trink Tee mit mir", sagt er mit seinem russischen Akzent. Dann sitzen wir schweigend nebeneinander und trinken schwarzen Assam-Tee. Irgendwann springt er auf und kommt mit seiner Brotdose zurück. Die ist gefüllt mit süßem Gebäck und Bonbons.

„Zu viel Zucker", lacht er und steckt sich ein Bonbon zwischen die Zähne. „Ach, Leo."

Die Unbeschwerte
Theresa Lambrich | Koblenz

Aus Liebe kommen, aus Liebe gehen, aus Liebe bleiben

Es ist ihre „Île de France" – ihre französische Insel. Sie lächelt und lässt ihren Blick zufrieden auf die vorbeigehenden Passanten fallen. Ihre hellbraunen Haare hat sie zu einem Pferdeschwanz gebunden, und alles wirkt ein wenig leichter, wenn man in ihrer Nähe ist.
Das kleine Weinlokal in der Koblenzer Altstadt gehöre einem Franzosen aus den Pyrenäen. Von ihrem Platz könne man sehr gut die Fußgänger:innen beobachten, ich solle mich doch neben sie setzen, lacht sie.
Ich zögere kurz, überlege, wo ich sitzen möchte: Ihr zugewandt würde bedeuten mich von der Leinwand abzuwenden, mich dem ungezwungenen Geschehen der Fußgänger:innen zu entziehen. Neben ihr zu sitzen würde die Gesprächsperspektive ändern, mir ein Stück Kontrolle nehmen. Mein Moment des Zögerns fühlt sich zäh an, schwer – als könnte man die vergehenden Sekunden laut ticken hören. Ich beschließe, mich fallen zu lassen, nicht nur auf den schwarzen Holzstuhl neben ihr, der mich an die Pariser Cafés erinnert, sondern in das Gespräch und in den Sommerabend.

Leichtigkeit

Theresa Lambrich spricht leicht, freundlich und präzise. Als würden sich ihre Worte in einen Papilio glaucus, einen Schmetterling mit Punkten, verwandeln. Oft redet sie von den Dingen, die sie liebt. Das sind der Rhein, der Riesling, die Weinkultur, die schöne Landschaft, der gelöste Moment vom Alltag. Vor allem aber ist es Paris. Die 24-jährige verbrachte ein Jahr vor unserem Gespräch fünf Monate im Rahmen ihres dualen Studiums in der Stadt an der Seine, seitdem liebe sie die Stadt, die Sprache, die Kultur. Theresas grüne Augen sehen mich freundlich an. Ich mag ihre Leichtigkeit zu erzählen. So, als wolle sie sich nicht festlegen. Das Leben einfach fließen lassen. Selbst schwere, anstrengende Worte klingen bei ihr irgendwie nett und versöhnlich, denke ich.

95

Bald werde sie wieder nach Paris gehen, wieder nur für ein halbes Jahr.
„Warum nicht länger?"
„Wegen der Heimat", antwortet sie schnell und fügt an: „Und wegen meines Freundes."
„Wegen der Liebe?", sage ich fragend. Sie lächelt und eigentlich muss sie nichts mehr hinzufügen, denn ihre Augen verraten mehr, als sie es vielleicht möchte.
Ihrem Freund zuliebe würde sie nicht einfach wegziehen. Aber auch an Paris habe sie ein Stück ihres Herzens verloren.

Heimat im Du

Ein Spannungsfeld zwischen dem eigenen Weg, der Sehnsucht nach Zweisamkeit und einem Ergebnis, das gegenwärtig meist einsam macht.

Theresa ist in der 600-Seelen-Gemeinde Filsen aufgewachsen. Filsen liegt eingebettet in der Rheinschleife zwischen Weinbergen und Mittelrheinkirschen. Sonst gebe es in Filsen auch nicht so viel, sagt sie. Ihre Heimat, das sind ihre Freunde, ihre Familie und ihr Freund.
In einem anderen Menschen Wurzeln schlagen, denke ich, das ist Liebe und auch das kann Heimat sein.
„Früher hätte ich das nicht getan – also für einen Mann wiederzukommen, zu bleiben. Ich bin der Auffassung, man muss sein Leben leben."
Man könnte ihre letzten Worte als „ohne Rücksicht auf Verluste" sehen, als an der Karriere orientiert. Ebenso kann man sie auch als Emanzipation einer jungen Frau aus einem tradierten Rollenverständnis verstehen. Frau kann heute eben das tun, was sie möchte, mit einem gegebenen Selbstverständnis.
Doch egal, wie man ihre Worte verstehen mag, oft werden sie zu einem Spannungsfeld zwischen dem eigenen Weg, der Sehnsucht nach Zweisamkeit und einem Ergebnis, das gegenwärtig meist einsam macht.

Anders als unsere Eltern und Großeltern probiert sich Theresas und meine Generation aus – wenn es nicht passt, dann eben nicht. Seit es Elite Partner, Tinder und Co. gibt, ist Liebe konsumptiv.
Es ist wunderschön, in einem anderen Menschen Heimat zu finden, aber ebenso schmerzhaft, diesen Ort zu verlieren. Die Stabilität und Sicherheit, die man in einer

Beziehung zu einem anderen Menschen aufgebaut hat, findet man so schnell nicht wieder. So werden die Wurzeln flacher, falls überhaupt noch welche wachsen.

Wie viele Menschen das wohl noch können oder wollen – Wurzeln in einem anderen Menschen schlagen? Ich sehe zum Lokal gegenüber von uns: Draußen stehen viele Tische, fast alle sind besetzt. Manchmal sieht es nach erstem oder zweitem Date aus: Ungelenke Bewegungen passieren zwischen schüchternen Blicken, darauf folgt ein zu lautes Lachen, ein kurzer Blick aufs Smartphone, verhaltenes Schweigen.

Jetzt sei es jedenfalls anders, sagt Theresa, ihren Freund, den wolle sie nicht lange missen. Vielleicht liege ihr Perspektivenwechsel aber auch an der Gelassenheit, die sie aus Frankreich mitgebracht habe, einfach mal den Dingen ihren Lauf zu lassen, die Sachen entspannter zu sehen, nicht mehr das ganze Leben planen. „Das Leben ist das, was passiert, während du beschäftigt bist, andere Pläne zu machen", zitiert Theresa lachend John Lennon. „Beautiful Boy (Darling Boy)" – Life is what happens to you while you're busy making other plans.

Sehnsuchtsorte

Theresa fragt mich, ob ich auch schon mal in einem anderen Land gelebt habe. In Spanien, sage ich, in Barcelona. Dass Barcelona nicht wirklich Spanien ist, sondern Cataluña und irgendwie ganz anders, behalte ich für mich. Denn es soll nicht um mich gehen.

Ob ich die Stadt und die Mentalität denn hier manchmal vermissen würde, fragt sie gleich weiter. „Irgendwie schon, ja natürlich", sage ich, „es war eine wunderbare Zeit, und natürlich war sie auch prägend."

Oft passiert es mir, wenn ich zu lange an die engen Gassen des Barrio del Born, meine WG an der Station Hospital Clinic oder die Aussicht vom Tibidabo denke, dass ich auf der Seite einer Airline lande und erst wieder zu mir komme, wenn dort „Bezahlen mit" steht. Aber wohin würde ich fliegen, frage ich mich, das Jetzt ist anders als die Vergangenheit. Den Ort, an dem ich lebte, gibt es so nicht mehr. Auch ich bin eine andere geworden, habe mich verändert.

In Barcelona habe ich mich frei und gleichzeitig bei mir selbst gefühlt, denke ich, als Theresa mich fragt, und die Sehnsucht nach einem solchen Ort treibt mich bis heute an.

Le Rhin

Ob es Dinge gibt, die sie nach Paris begleitet haben, „Etwas, dass du unbedingt mitnehmen musstest?", frage ich.
Während Theresa überlegt, denke ich, so eigenartig es klingen mag, meinen Laptop würde ich nach einiger Zeit vermissen. Er ist mein Gedächtnis, ein Tor zur Welt, ein Sammelsurium an Gedanken und Bildern. Ein Teil meiner Bücher würde mir fehlen. Aber alles andere?
Bücher waren es auch bei Theresa. „Le Rhin" von Victor Hugo und „Das Café am Ende der Welt" von John Strelecky haben sie in Paris begleitet. Sie erzählt mir davon, wie sie sich auf den Weg nach „Le Rhin" machte, durch die alten Pariser Buchhandlungen lief und das Buch irgendwann fand.
Der Film "Midnight in Paris" von Woody Allen platzt in meine Gedanken, in dem sich der Protagonist in den alten Gassen verliert und sich in die goldene Zeit, ins L'Age d'Or Europas, zurückwünscht und sich schließlich zwischen F. Scott Fitzgerald, Salvador Dalí und Gertrude Stein wiederfindet. Europa – die Welt vereint an einem Tisch, sinnierend über eine gute Zukunft, die doch ganz anders wurde.
Besonders das Vorwort von Hugos Werk hatte Theresa begeistert:

„Le Rhin est le feuve dont tout le monde parle et que personne n'étudie, que tout le monde visite et que personne ne connaît, qu'on voit en passant et qu'on oublie en courant, que tout regard effeure et qu'aucun esprit n'approfondit. Pourtant ses ruines occupent les imaginations élevées, sa destinée occupe les intelligences sérieuses; et cet admirable feuve laisse entrevoir à l'œil du poëte comme à l'œil du publiciste, sous la transparence de ses fots, le passé et l'avenir de l'Europe." [27]

„Der Rhein ist der Fluss, von dem alle Welt spricht und den niemand erforscht, den jeder besucht und den keiner kennt, den man im Vorübergehen wahrnimmt und den man schnell vergisst, den jeder Blick streift und der von niemandem geistig durchdrungen wird. ... und dieser bewundernswerte Fluss lässt gleichermaßen das Auge des Poeten wie auch des Publizisten durch seine transparenten Wellenströme, die Vergangenheit und die Zukunft Europas erkennen." [28]

Da ist es, das kosmopolitische Gefühl Europas, denke ich, das diesen Kontinent verbindet. Das man nur für die Dauer eines Flügelschlags greifen kann, wirklich versteht.

„Eigentlich sollte heute jeder ins Ausland gehen, sofern er oder sie die Möglichkeit hat", sagt Theresa, „letztlich bereichert das nur. Ich sehe, wie andere Menschen leben, verstehe andere Kulturen und nehme etwas davon für mich mit. So verschwinden auch die Grenzen im Kopf."
„Und es erweitert den Ort, den du Heimat nennst, du bringst an diesen Ort neue Ideen und Anregungen mit", sage ich.

In Paris sei sie die Riesling-Beauftragte des Mittelrheintals gewesen, sagt Theresa scherzend. „Nein, ganz so war das nicht. Auf einer Soirée habe ich eine Flasche Riesling mitgebracht. In Frankreich ist das ein absolutes No-Go. Einen anderen Wein als französischen Bordeaux mitzubringen, das sehen die Franzosen nicht gerne." Diese feinen Unterschiede lerne man aber recht schnell. Letztlich konnte sie die Franzosen aber doch von ihrem Riesling überzeugen, lacht sie. Und das sei ja auch ein Stück Heimat, welches sie mit nach Frankreich gebracht habe.
Ich mag Theresas gefühlvolle Art, über Heimat zu sprechen, ihren liebevollen Blick auf ihre Region und wie sie diese mit Paris verbindet.

Ein Stück Paris in Koblenz

„Wenn man noch jung ist, glaubt man, dass man imstande sei, sich unabhängig von seinen Ursprüngen und seiner Herkunft neu zu erschaffen (...) Die Geister der Vergangenheit holen einen in der Regel erst später im Leben ein." [29] – Daniel Schreiber, „Zuhause".
Doch man nimmt auch die Anteile mit, die einen an einem anderen Ort geformt haben, die man für sich gefunden hat – sei es die Gelassenheit, die Leichtigkeit oder die Liebe. So kann Heimat in Koblenz auch ein Stück Paris in sich tragen und umgekehrt.

„Mein Zuhause ist kein Ort, das bist du"

– FYNN KLIEMANN

Liebe.
Das Gefühl, zu dem mindestens schon so viel gesagt wurde, wie es Bücher auf der Welt gibt.

In höchsten Höhen, wo wir schwindeln
In tiefste Tiefen und zurück (Tocotronic)

Sie verleiht uns Flügel, sie macht uns blind, sie bricht unser Herz und heilt es wieder. Wir alle wollen die einzige, die wahre, die wahrhaftige Liebe.

Eine Liebes-Geschichte in wenigen Sätzen.

Er war nicht Artus und ich nicht Guinevere, aber es war ein Weinfest vor einer mittelalterlichen Kulisse.
Er fragte, ob ich auf einer Burg wohne.
Ich sagte, ja im Moment schon.
Er fragte, ob er mal eine Führung bekäme.
Ich kannte die Antwort und sagte, mal sehen.
Der erste Kuss, das petrolgrüne Tor schimmerte in der Dunkelheit.
Ein wenig Rheinromantik war es dann doch, denke ich.

„C wie Chronik. Ich will mit dir eine gemeinsame Geschichte schreiben, die frei von Kategorien und dem Zwang der Linearität ist. Ich bin offen für deine Perspektive auf unsere Geschichte." Şeyda Kurt

Liebe ist in allem. Sie ist Pantheismus. Ohne sie gäbe es uns nicht. Wir vergessen oft das Schöpferische in ihr.
Erich Fromm sagte, man müsse sich erst selbst lieben. Jemanden wirklich zu lieben, heißt, sich verletzlich zu machen. Jeden Tag. Heißt loslassen können. Jeden Tag. Und festhalten. Heißt, in den Spiegel zu sehen, auch wenn es wehtut. Den anderen so sein zu lassen, wie er ist.
Egal, ob Partner:in, Freund:in, Schwester, Bruder, Vater, Mutter, Kind.

Ohne Liebe gibt es auch keine Heimat.

Die Verbindende
Ute Grassmann | Dörscheid

„Sie wissen nicht, wo Sie sind", sieht mich die Frau mit den schulterlangen roten Locken eindringlich an. Doch – eigentlich schon, ist mein erster Impuls. Ich halte aber meinen Mund, denn auf einmal bin ich mir nicht mehr so sicher.

Ute Grassmann bemerkt offensichtlich meinen inneren Konflikt und sagt forsch: „Nur zu. Wo sind wir denn?"

„Dörscheid, oberhalb von Kaub, das am Rande des Taunus zum Mittelrheintal liegt", sage ich selbstsicher und zeige von der Terrasse, auf der wir sitzen, vage geradeaus: „Da ist der Rhein." Ute lacht.

„Dachte ich mir schon: Sie haben keine Ahnung. Der Rhein ist links von uns. Geradeaus befindet sich die Loreley."

„Ah", stoße ich über meine vermeintliche Orientierung aus und hänge nach ein paar Sekunden ein „Na dann" an.

Ute Grassmann springt auf und läuft ins Innere des Hauses. Ich blicke von ihrer Terrasse gen Horizont und hole tief Luft. Mal sehen, wohin mich dieser Abend führt. Eigentlich wollte ich von Ute etwas über die Geschichte des Mittelrheintals erfahren, über die verschiedenen Völkergruppen, die durchs Tal wanderten, dort siedelten, Kriege führten. Denn mit der Historie des Tals kennt sich Ute aus. Eigentlich. Doch gerade habe ich das Gefühl: Das werde ich nicht, unser Gespräch läuft in eine ganz andere Richtung.

Orientierung

„Hier", sie steht plötzlich wieder neben mir und legt eine Karte auf den Tisch.

„Wasser?"

„Gerne", antworte ich.

„Schauen Sie", Ute deutet auf einen Punkt, „da ist Dörscheid, hier der Rhein und dort liegt die Loreley. Wir befinden uns direkt auf einem Plateau. Wenn Sie nach links gehen, können Sie in zehn Minuten in den Rhein spucken."

Mein Blick wandert über die Karte, meine Orientierung bleibt hingegen weiter verschwunden.

„Ah", fast freue ich mich über meine Erkenntnis, „die Biegung des Rheins sorgt für meine Verwirrung."

„Passiert den meisten", Ute zuckt gelassen mit den Schultern und sieht mich an: „Also warum sind Sie noch mal hier?"

Ich erzähle ihr von meiner Heimat-Recherche. Dass ich das Tal als Sehnsuchtsort vieler Menschen erlebt habe. Und dass das Tal für mich ein Sammelbecken unterschiedlichster Menschen ist, die dort alle ihr Zuhause gefunden haben.

„Am besten wenden Sie sich an die Soziologie. Da gibt es ganze Abhandlungen zu dem Thema Heimat."

„Naja."

„Wenn Sie dazu etwas auf der Sachebene schreiben wollen, können Sie stapelweise Blätter lesen und stapelweise Blätter schreiben. Auf emotionaler Ebene ist das etwas anderes." Sie holt kurz Luft. „Aber dann weiß ich nicht, warum Sie mich fragen. Viel spannender finde ich: Warum macht sich ein junger Mensch wie Sie auf die Suche nach Heimat?"

Stille.

Ich überlege, obwohl ich es nicht müsste: Die Antwort ist sofort da. Trotzdem warte ich einen Moment ab, ob sich noch ein anderer Gedanke auftut. Es passiert nichts.

„Weil ich keine Ahnung habe, was Heimat für mich bedeutet."

„Sehen Sie, das dachte ich mir und das macht es doch spannend. Woher kommen Sie?"

„Geboren bin ich in Hamm. Bis zu meinem sechsten Lebensjahr habe ich in Werne an der Lippe gewohnt. Bin dann in den Hunsrück gezogen. Nach meinem Abitur bin ich nach Weimar gegangen. Habe in Barcelona, Trier und Wiesbaden gewohnt. Aktuell lebe ich in Mainz", rattere ich die einzelnen Stationen meiner Wohnorte herunter. Dass ich in meinem Leben in mehr Wohnungen gewohnt habe und Umzüge hinter mir habe als meine Eltern und Großeltern zusammen, brauche ich nicht zu sagen. Ob die einzelnen Wohnorte wirklich eine Antwort auf das „Woher-komme-ich" sind, bleibt offen.

105

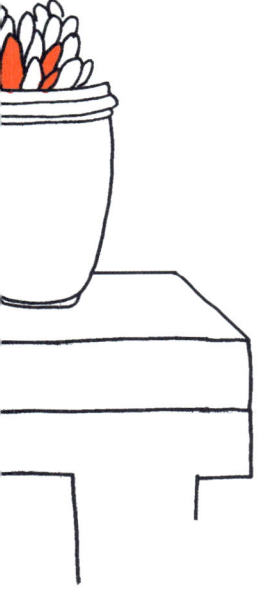

„Sie sollten über sich schreiben. Das ist doch viel spannender."

„In gewisser Weise tue ich das ja."

„Mhm", Ute schaut skeptisch zu mir rüber: „Ich dachte immer, das sei cool unter jungen Leuten, sich zu erzählen, wo sie überall am Wochenende waren und wo sie schon überall gelebt haben."

„Es ist Teil unseres Lebens", gebe ich zu, „gleichzeitig ist es auch das, was man von uns erwartet: Flexibilität, Offenheit und die Bereitschaft, jederzeit überall hinzugehen. Die ganze Welt zu bereisen. Nur irgendwann weiß man nicht mehr, wo die eigenen Wurzeln sind." Falls man sie je hatte, füge ich in Gedanken hinzu.

„Und warum fragen Sie sich ausgerechnet jetzt, was Heimat ist?"

Wind und Wasser.

„Weil ...", mehr fällt mir nicht ein. *Weil ich in dem Alter bin, in dem man das wissen sollte*, denke ich und weiß gleichzeitig, dass es die perfekte Platzhalterantwort wäre, die nicht stimmt. Weil... ja, weil? Ich versuche eine Antwort zu finden, doch in meinem Kopf tut sich nicht viel. Dann spricht die Frau mit den roten Locken weiter: „Also gut. Dann nennen Sie mir jetzt drei Dinge, die Ihnen zum Thema Heimat einfallen, ohne zu überlegen. Nicht überlegen. Drei, zwei, eins ... los!"

„Ähm", sage ich und suche wieder nach Worten. Immerhin rasen ein paar Bilder durch meinen Kopf: Felder, Gerste, Wiesen, blaue Kornblumen, rote Tulpen, unbestimmter Strand, Wind, Wasser, mein Bücherregal, Stifte, Papier, hellblauer Horizont.

„Du überlegst", sagt Ute streng, „raus damit. Das zählt sonst nicht."

„Mein Freund, Wind und Wasser", antworte ich zögerlich.

„Der Freund zählt nicht", sieht sie mich durchdringend an, „der steht für Sicherheit. Mit Wind und Wasser kann ich etwas anfangen." Für einen Moment habe ich das Gefühl, dass Ute meine Gedanken lesen kann, so offen wie ein Buch zu sein, durchschaubar.

„Und wir sagen besser Du, das macht es einfacher."

„Okay", nicke ich.

„Wind und Wasser?"

„Leben", antworte ich „für mich bedeuten Wind und Wasser Leben. Heimat verbinde ich mit Lebendigkeit und

Bewegung. Ich weiß nicht, ob das dem Bild von Heimat entspricht."

„Es zählt alles. Heimat ist ein Gefühl."

„Okay", nicke ich wieder.

„Wenn du einen Kölner fragst, was Köln ist, was sagt der dann?"

Ich zucke mit den Schultern.

„Kölle is en Jeföhl"

„Mhm."

„Mehr braucht der nicht zu sagen, verstehst du?"

„Mhm."

„Jeder Kölner versteht die Aussage, hat seine Bilder vor Augen. Wenn ich dich morgen frage, was die drei Begriffe sind, die dir zum Thema Heimat einfallen, können das ganz andere sein und das ist dann so."

Ich nehme mir vor, mich jeden Morgen in den kommenden Tagen zu fragen, was Heimat ist. Ich möchte wissen, was mir einfällt und ob sich der Inhalt ändert. Gleichzeitig geistert mir ihre Frage durch den Kopf: „Und warum fragen Sie sich ausgerechnet jetzt, was Heimat ist?"

Veränderung

„Sollen wir noch ein bisschen rausfahren? Da können wir weiterreden."

Ich lächle, ihr Vorschlag klingt weniger nach einem Vorschlag, sondern nach einem Vorhaben, das wir in die Tat umsetzen werden – ganz gleich, was ich gesagt hätte.

„Gut, ich ziehe mich schnell um."

Während Ute wieder im Haus verschwindet, denke ich noch einmal über die drei Begriffe nach und frage mich, warum sich das Tal für mich so heimisch angefühlt hat. Es waren die Begegnungen mit den Menschen, das viele Neue und das Unterwegssein. All das fühlt sich für mich nach Leben an. Es war wie das Fließen des Rheins. Ein Nie-gleich-Sein, eine stetige Veränderung. Eben das Gegenteil von Stillstand und Gleichförmigkeit. Meine Zeit im Tal fühlte sich richtig an.

Ein „Danach" kam mir nicht in den Sinn. Doch dieses „Danach" kam natürlich, und mit ihm der Alltag. Der oft

Gleichförmigkeit bedeutet und dem ständigen Drücken der Copy-Paste-Tasten am Computer ähnelt. Und Sätze wie „Das Leben ist eben so" sind kein konstruktiver Weg, sie manifestieren die Situation nur.
Ich fühlte mich orientierungslos und wusste nicht genau, wohin ich gehörte. Dieses Gefühl, etwas Richtiges zu tun, war weg. Vielleicht war das ein Grund, warum ich mir die Frage stellte, was für mich Heimat bedeutet. Denn Heimat heißt auch, sich zugehörig und richtig zu fühlen.

„Na, dann komm", reißt Ute mich aus meinen Gedanken, „lass uns losfahren."
Wir setzten uns in ihren weißen Renault Kangoo und fahren los.
„Eigentlich dürfen wir da nicht entlangfahren", sie deutet auf einen kleinen Fußgängerweg zwischen Häusern im Neubaugebiet, „aber wir machen das jetzt mal."

Baldanders

Ute fährt mit mir zur Schwedenschanze, einem Aussichtsplateau bei Dörscheid. Die Schanze liegt rund 750 Meter westlich des Ortes auf einer Anhöhe. Von hier sieht man weit in den Hunsrück, wo sich Windräder, Wald und Dörfer abwechseln. Man sieht in den Taunus, der dagegen fast unberührt wirkt. Und man blickt ins Rheintal mit seinen Burgen, Weinhängen und steilen Felswänden.
Ute stellt eine Flasche Wein und zwei Tonbecher auf den Tisch.
„Wein?"
„Ein bisschen."

Der Wein ist aus dem Rheingau, die Becher sind aus Oberwesel und wir sind auf der Schwedenschanze — das ist der Rhein.

„Der Wein ist aus dem Rheingau, die Becher sind aus Oberwesel und wir sind auf der Schwedenschanze – das ist der Rhein. Verstehst du das?"
„Ja, ich denke schon." Und muss grinsen. Mittlerweile habe ich mich mit ihrer Direktheit arrangiert und mag ihre Art, mich zu fragen.
„Der Dreißigjährige Krieg war eine der größten Katastrophen, die das Tal erlebt hat", sagt Ute und nimmt an dem Tisch Platz, der sich im Aussichtspavillon des Plateaus befindet.

Die Schwedenschanze habe ihren Namen von den Schweden, die zur Zeit des Dreißigjährigen Krieges auf dem Plateau hausten, wie Ute es sagt. Fast die ganze Bevölkerung haben die Schweden getötet. Die Schanze sei ein Ort des Grauens, der heute zum Naturschutzgebiet Dörscheider Heide gehört.
Heute leben hier mehr als 650 verschiedene Schmetterlingsarten, seltene Vögel, Reptilien und Insekten. Ein Kriegsschauplatz wird zum Biotop. Ob die Metamorphose dieses Ortes fühlbar ist? Die zeitlichen Ebenen, die sich über den Ort schichten und ihn zu etwas ganz anderem machen?

„In der Kauber Burg Gutenfels gibt es einen spanischen Friedhof. So lange waren die Spanier während des Dreißigjährigen Krieges dort." Der Dreißigjährige Krieg habe aufgehört, weil alles ausgeblutet war, nichts war mehr da, sonst wäre er weitergegangen, fährt Ute fort.
„Wenn du die Geschichte kennst, verstehst du das Heute und hast keine Angst vor dem Morgen."
„Weil sich vieles wiederholt", sage ich in den Wind hinein.
„Ja, alles wiederholt sich, und die Geschichte steckt auch in unseren Genen, in unserer DNA."
Etwas von den Menschen aus jener Zeit lebe doch auch in uns weiter, die Ängste, Traumata, sagt Ute. Es ist ja nicht so, als hätte uns jemand neu erfunden, füge ich in Gedanken hinzu. Würde man einen DNA-Test machen, bekäme man seine eigene genetische Diversität schwarz auf weiß. In unseren Adern fließt Europa, Asien, Afrika, die Welt.

Wenn du die Geschichte kennst, verstehst du das Heute und hast keine Angst vor dem Morgen.

Sie beginnt, auf einer irischen Flöte zu spielen. Es ist eine dunkle Querflöte aus Holz. Die tiefen, warmen Töne legen eine melancholische Melodie über das Rheintal.
„Das ist das Mittelrheintal", sagt Ute noch einmal, „Vor hundert, fünfhundert Jahren war es ein ganz anderer Ort, aber auch in fünfzig Jahren wird es nicht mehr so sein wie heute."

„Was für ein Lied hast du gerade gespielt, Ute?"
„Das Lied ist von Hans Sachs, es heißt „Baldanders"."
Dann zitiert sie den Text:

111

„Es zieht ein Mann wohl durch das Land
Mit seiner Flöte in der Hand
Und spielt er auf dem silbernen Rohr
Erreicht sein Ton ein jedes Ohr.
Er kommt von allen Enden,
Zu untern und zu obern Ständen,
Man findet ihn an jedem Ort,
Heut spielt er hier und morgen dort.
Er kann verwandeln seine Gestalt,
Mal ist er jung, dann wird er alt.
Ein jeder hat schon sein Antlitz geschaut
Und manchen hat's dabei gegraut.
In Königreich, Provinz und Ländern,
Da tut er alle Ding verändern.
Wenn du mich nun fragst, wie man ihn nennt,
Bald anders heißt er, den jeder kennt.
Den Frieden verändert er in Streit,
Fruchtbare Jahre in teure Zeit,
Stößt Mächtige von ihrem Land,
Die Ehrlichen in Spott und Schand'
Den Liebenden bringt er Herzenleid,
Den Fröhlichen Traurigkeit.
Die Schönen macht er ungestalt,
Den Sanften lehrt er Gewalt.
Doch auch für den Armen wendet er das Blatt,
Den Hungrigen macht er satt.
Der Bettler wird zum reichen Mann,
Der Blinde wieder sehen kann.
Vielen ist er ein düsterer Gast,
Anderen nimmt er ihre Last.
Er wirkt auf ganzer Erdenkreis,
Darum er auch bald anders heißt.
Wir sehen ihm nach und denken fürwahr,
Wie sind all Ding' so wandelbar.
Ein jeder hat's bei sich selber gespürt,
Wie er ihn an der Nas' rumführt.
So zieht Baldanders rastlos dahin,
Nach steter Wandlung steht ihm der Sinn.
Wir tanzen in seinem Reigen,
Bald anders wird die Welt sich zeigen.
Bald anders wird die Welt sich zeigen." [30]

113

Sie hält kurz inne und fährt dann fort: „Hans Sachs war ein Zeitgenosse von Martin Luther. Sie lebten zu einer Zeit des Umbruchs und der Erwartung. Wenn du mich fragst, es ist das Gleiche, was wir heute erleben."
„Eine Zwischenzeit", sage ich.
„Ja, Umbruch oder eine Zwischenzeit. Und den meisten Menschen macht diese Zeit Angst."

Wir bleiben noch eine Weile auf der Schanze sitzen, genießen den Ausblick, und beobachten, wie sich ein schweres Schiff den Rhein hochschiebt. Ein Blasorchester beginnt auf der anderen Seite zu spielen. Die Windräder auf dem Hunsrück drehen sich synchron, und die Sonne färbt den Rhein an manchen Stellen in ein warmes Gelb.
„Wie nah doch Oberwesel von hier oben ist", sage ich und blicke über den Rhein auf die andere Seite, „und gleichzeitig so fern, so unerreichbar."
„Ja, das Tal braucht auch seine Höhen und oft braucht es einen Perspektivenwechsel."

„Noch einen Schluck Wein und dann brechen wir auf?", fragt Ute.
Diesmal lehne ich ab und sie lächelt: „Na dann."
Irgendwann im Laufe unseres Gesprächs erzählt sie mir, dass sie 70 Jahre alt ist. Ihr Alter hätte ich nicht schätzen können, denn Ute wirkt so jung, energiegeladen und beinahe jugendlich. Als würden die Spontanität und die Neugierde einer Mittzwanzigerin in ihr leben. Und wahrscheinlich ist das auch so.

Unser Gespräch lassen wir auf der Terrasse enden. Ich mache Fotos von Utes Pflanzen.
„Die sehen aus wie eine Landschaft zwischen Kreidezeit und Paläogen", kommentiert Ute das Klacken meines Smartphones. Neben Thymian, Lemongrass und einem Olivenbaum wachsen dort Sukkulenten aus Spanien.
„Und all das am Mittelrheintal", lacht Ute.
„Ja, ein Kosmos, in dem alles zusammenkommt", sage ich, „danke für deine Zeit und dass du mich zur Schwedenschanze mitgenommen hast."

„Man lernt von anderen Menschen, von jedem nimmt man etwas mit."

Christians Alant-Staude fällt mir ein, dieses unsichtbare Netz, das uns alle umwebt. Es ist eine verborgene Verbundenheit.

Aus dem Gespräch mit Ute bleibt eine Frage:
Und warum frage ich mich jetzt, was Heimat ist?

Eine Frage, eine Antwort

Und warum frage ich mich ausgerechnet *jetzt*, was Heimat ist?

Weil ich nicht nur nicht weiß, was Heimat für mich bedeutet.
   Sondern weil ich nicht weiß, was Heimat ist.
Was es heißt, eine Heimat zu haben.

Heimat — ein Zugeständnis

So wie Ute die Fäden des Tals zusammenzieht, versuche ich aus meinen Fäden ein Bild zu spinnen. Die bisherigen Gespräche haben unterschiedliche Eindrücke und Gedanken hinterlassen. Leisen Ahnungen Stimmen gegeben.

Heimat ist für mich zu einem poetischen Gebilde geworden. Etwas, das alles sein kann und sein darf.

„Im Leben gibt es kein ‚Warum‘ und ‚Deswegen‘, Schicksal hat keine Gründe", so sagte es Bernie. Vielleicht ist das Heimat-Thema so ganz ohne Grund zu mir gekommen. Vielleicht. Vielleicht habe ich bewusst nach dem Thema gesucht. Vielleicht war es auch eine intuitive Ahnung. All das kann möglich sein, doch im Grunde ist es egal.

Das, was daraus wurde, hingegen nicht: Eine Reise durchs Tal ist entstanden, und verschiedene Gespräche haben mich bereichert. Worte sind eben mehr als Aneinanderreihungen von Buchstaben. Sie haben eine schöpferische Kraft, und so hat jede Person den Heimatbegriff weiter und schöner geformt.

Ob es nun die Verbindung zu Freunden oder die ortlose Heimat ist, es die Erinnerungsstücke sind, die darauf warten, gefüllt zu werden, das alte Haus, die Geschichtenheimat – alles wurde zu einem Spiegel für mich, in dem ich auch immer etwas von mir selbst erkannte.

Doch Ute sollte mich auf mein Warum stoßen. Mich beinahe zwingen, mich selbst nach dem Kern meiner Suche zu fragen. Es dauerte eine Zeit, bis ich die Antwort auf das Warum verstand.

Viel weniger als die Umzüge, das viele Reisen, das Unterwegssein ist mein Warum ein Zugeständnis.

Ein Zugeständnis an mich selbst. Einen Ort, einen Raum oder eine Verbindung zu einem Menschen meine Heimat zu nennen oder nennen zu dürfen. Weil ich tief im Inneren davon überzeugt war oder bin, eine einsame Wanderin zu sein. Keinen Halt zu brauchen.

„Wenn man an einem Vogelnest die ganze Zeit schüttelt, müssen die Jungtiere schnell fliegen lernen. Sie werden schnell selbstständig. Gleichzeitig verlernen sie, was es bedeutet, Halt zu haben", sagte mal jemand zu mir.

Für mich selbst ist Heimat ein Zugeständnis an mich, richtig an einem Ort zu sein.

Und wenn man seine Heimat verloren hat?

Heimat. Ur-Vertrauen. Flucht.

„Ende 2019 lag die Zahl der Menschen, die weltweit auf der Flucht waren, bei 79,5 Millionen – mehr als ein Prozent der Weltbevölkerung. Im Vergleich zum Vorjahr sind fast neun Millionen Menschen mehr auf der Flucht. Seit 2010 hat sich die Zahl der Menschen auf der Flucht verdoppelt." (UNO) [31]

Was bedeutet Heimat für Menschen, die sie verloren haben?

Können sie an einem neuen Ort ein Zuhause finden, an den sie „bürokratisch" gesetzt wurden?

Delmy Quintanilla und Fabian Pacheco | Lahnstein
Die Dankbaren

Zu Heimat gehören Stabilität und Sicherheit, das heißt ein sicheres Zuhause. Sicherheit selbst ist eines der ersten Bedürfnisse des Menschen, das erfüllt sein muss, um eine stabile Persönlichkeit zu entwickeln. Doch was, wenn Gewalt und Kriminalität das eigene Zuhause dominieren?

Budin – ein Superlativ

Ich sitze mit Delmy Quintanilla und Fabian Pacheco in ihrer 70-Quadratmeter-Wohnung in Lahnstein. Auf meinem Schoß steht ein Teller mit Budin, einem typischen Nachtisch aus El Salvador. Hinter mir liegen drei Stunden Reise – sprachliche Reise durch ein fremdes Land.

El Salvador ist ein kleines Land in Zentralamerika. Die Surfstrände liegen an der Pazifikküste, eine bergige Landschaft mit Vulkanen erhebt sich im Landesinneren. Es gibt Kaffeeplantagen, Regenwälder und Wasserfälle. Die Landschaft ist reich an Farben und hat eine üppige Flora und Fauna. El Salvador wäre das Paradies, denke ich, gäbe es da nicht die andere Seite des Landes:

40 Prozent der Bevölkerung leben unterhalb der Armutsgrenze. Von 1980 bis 1992 herrschte ein Bürgerkrieg in dem kleinen Land, dessen Wunden und Traumata bis in die Gegenwart verwachsen sind. Heute lenken neben korrupten Politikern die Maras, die Jugendbanden, das Leben der Bevölkerung. [32]

Auf meinem Teller wartet noch ein Stück Budin, ein Superlativ an Süße, und vor mir die Geschichte von Delmy Quintanilla und Fabian Pacheco.
Karamellisierte Bananen zwischen Mürbeteig und Vanillecreme schmecke ich nicht mehr, alles ist irgendwie gleich süß, aber das ist jetzt egal.

120

Drei Stunden zuvor.

Wie würde ich mich fühlen, wenn da auf einmal eine Fremde käme und etwas über mein Leben, meine Flucht, meine Heimat erfahren will?

In Lahnstein herrscht ein Baustellen-Marathon. Heute ist einer der Tage, an dem die 35-Grad-Marke gesprengt wird. Meine Hände kleben und der Schweiß läuft mir den Nacken herunter.

Delmy Quintanilla und Fabian Pacheco wohnen im sechsten Stock eines Hochhauses. Die Flure sind weit und dunkel. Grauer Teppichboden fließt die Gänge entlang. Der Fahrstuhl ist hingegen eine winzige Parzelle, viel zu klein für die paar Hundert Menschen, die hier leben.

Fabian begrüßt mich herzlich und doch zurückhaltend. Ihre Wohnung leuchtet hell und offenbart eine wunderbare Aussicht über den Taunus. Ob ich etwas trinken möchte, fragt er mich.
„Einfach Wasser", antworte ich. Während Fabian sich der Küchenzeile zuwendet, lächelt Delmy mich still an. Wie würde ich mich fühlen, wenn da auf einmal eine Fremde käme und etwas über mein Leben, meine Flucht, meine Heimat erfahren will? Ähnlich still lächle ich zurück.
Als Fabian die Sprudelflasche aus dem Kühlschrank nimmt und mich fragend ansieht, sage ich „Aqua del griffo seria perfecto."
„Du sprichst Spanisch?"
„Na ja, ja schon, ein wenig – un poco", sage ich zögerlich. Danach ist das Eis irgendwie gebrochen. Deutsch wird nur noch gesprochen, wenn mein Spanisch nicht ausreicht.

Fabian ist 41 und Delmy 36. In El Salvador arbeitete er als Architekt, sie als Buchhaterin. Im Juli 2018 landete ihr Flugzeug in Deutschland. Elf Stunden dauert ihr Flug über Panama, sagt Fabian.
Direkt vor Ort in Frankfurt stellten sie einen Asylantrag. Zunächst kamen sie in ein Flüchtlingscamp nach Speyer und bezogen wenig später ihre erste Wohnung in Lahnstein. Das war im November 2018.

Noch bevor ich fragen kann, warum sie sich für Deutschland entschieden haben, sagt Delmy, dass es in El Salvador unsicher, die Kriminalität hoch sei.

Es klingt, als müsse sie sich rechtfertigen. Rechtfertigen, ihr Land verlassen zu haben, in dem man die eigenen Kinder nicht mit dem Schulbus fahren lässt, weil sie vielleicht nicht mehr zurückkommen und stattdessen von den Maras rekrutiert werden.

Sicherheit

Das eigene Leben kann von einer falschen Entscheidung abhängen.

Wieso fiel ihre Entscheidung auf Deutschland und nicht auf die Vereinigten Staaten? Die liegen nicht nur geografisch näher. In El Salvador lernen die Schüler früh Englisch und seit 2001 ist die Landeswährung der US-amerikanische Dollar.
„In den USA ist es für Südamerikaner:innen sehr schwierig geworden, Fuß zu fassen. Es war ohnehin schon immer schwierig, nicht im Schattendasein der Illegalität zu leben. Doch unter Trump sind die Bedingungen unmöglich geworden", sagt Delmy. Stattdessen haben die Buchhalterin und der Architekt sich über Europa informiert und sich in Deutschland verliebt. Angela Merkels Flüchtlingspolitik habe viel dazu beigetragen. Deutschland stehe für Sicherheit und eine gute Zukunft, sagt Fabian.
„Die Kinder fahren in Deutschland allein Bus oder Zug. In El Salvador wäre das unmöglich", kommentiert Delmy.

Hinzu kommt, dass durch den Währungswechsel das Leben in El Salvador sehr teuer geworden sei, sagt Delmy. Als Buchhalterin habe sie etwa 800 Dollar verdient. Eine Wohnung wie ihre jetzige in Lahnstein würde rund 500 Dollar kosten, da bleibe nicht mehr viel zum Leben. Zumal die meisten Menschen etwa 300 Dollar im Monat haben, das ist der Mindestlohn in El Salvador.

Die Deutschen seien sehr verantwortungsvoll und man würde ihnen viel Vertrauen schenken, sieht mich Fabian an. „Generell vertrauen sich die Menschen hier sehr viel." In El Salvador sei das anders, weil man nie wissen könne, wem man trauen kann, das eigene Leben kann von einer falschen Entscheidung abhängen.
Vertrauen in die gute Tat, in das Wohlwollen des Gegenübers sei gefährlich. „Die Maras, die Jugendbanden, töten für ein iPhone oder weil sie schlechte Laune haben",

kommentiert Delmy.

„Was macht die Polizei dagegen?"

Die tue nicht viel, müsse maskiert arbeiten, sonst wären ihre Familien auch gefährdet, antwortet Delmy schulterzuckend.

Heimweh?

Familien, Eltern und Geschwister des Paares leben weiterhin in dem lateinamerikanischen Land. „Zum Glück gibt es Video-Calls und WhatsApp. Das Internet und die Kommunikationsmittel, die uns heute zur Verfügung stehen, lassen uns zwar nicht physisch am Leben der anderen teilhaben, doch wir sehen uns und wir können jederzeit anrufen", antwortet Delmy lächelnd. So kann das Internet, der digitale Raum zu einem Stück Heimat werden.

Seit Delmy und Fabian in Lahnstein wohnen, singen sie in einem evangelischen Chor. Der Chor besteht aus rund 40 Personen.

„Ist der Chor ein wenig wie eure zweite Familie?", frage ich und sehe zu der Gitarre, die an der Wohnzimmerwand lehnt.

„Eher wie 15 neue Großelternpaare", lacht Delmy. Man habe sie wirklich herzlich aufgenommen, sie unterstützt, als sie umgezogen sind und Möbel brauchten. „Da hat fast jeder etwas beigesteuert", ergänzt Fabian. In El Salvador gebe es diese Hilfsbereitschaft auch, sagt Delmy, nur hätten die Menschen eben kaum etwas, was sie teilen können.

Bald macht das Paar sein Deutschexamen. „Ab und zu herrscht gerade ein Sprachsalat im Kopf", sagt Delmy. Man versteht das Gesagte viel schneller, als man antworten kann und sucht verzweifelt nach den richtigen Worten. „Das kommt mir bekannt vor", sage ich, „es fühlt sich an wie Fische mit den bloßen Händen zu fangen."

Patata y Pan

Immer wieder sagen die beiden in unserem Gespräch, dass sie die Ruhe in Lahnstein sehr genießen. Der Wald, die Parks seien wunderschön. Und alles sei so sauber. Es sind die Selbstverständlichkeiten, die wir in unserem Land oft nicht mehr wahrnehmen, wenn wir uns über rote Ampeln, laute Nachbarn oder die E-Mail-Flut beschweren. Mir gefällt der neugierige und ruhige Blick, den die beiden auf ihre neue Umgebung haben.

Ob es etwa gebe, was sie aus ihrer Heimat vermissen, frage ich. Schnell steht fest: das Essen, die Früchte und das Gemüse. Papayas, Mangos, Ananas. „Unsere Früchte sind in El Salvador viel größer und schmecken so intensiv", sieht Delmy mich an. Die Papayas hier seien hingegen sehr klein, ziemlich teuer und naja, sie lacht, relativ geschmacklos.
„Patata y Pan", Kartoffeln und Brot, das sei das Essen ihrer neuen Heimat, sagt Delmy.
„Und ist Lahnstein schon Heimat?", frage ich die beiden schließlich.
Delmy sagt ziemlich schnell, dass sie sich „en casa", zuhause fühle.
Fabian denkt eine Weile nach und antwortet dann, dass man sein Leben lang wie ein Baum geformt worden sei. Man hat den Nährboden, die Kultur, die Verhaltensweisen seines Landes eingeatmet, sich von seiner Familie genährt und entwickelt. Und jetzt sei eben dieser Baum in einer ganz anderen Umgebung mit anderen Mustern und Strukturen.

Man wird sehen, wie sich die Wurzeln entwickeln. Alles brauche Zeit, die Zeit müsse man sich lassen und einfach ankommen.

Man hat den Nährboden, die Kultur, die Verhaltensweisen seines Landes eingeatmet, sich von seiner Familie genährt und entwickelt.

Ahmed und Shaimaa | Ehrenbreitstein
Die Suchenden

Ehrenbreitstein ist ein rechtsrheinischer Stadtteil von Koblenz, etwa 2000 Menschen leben dort. Eine vierspurige Straße läuft durch den Ort und vom Bahnhof kann man auf das Deutsche Eck sehen, wo die Mosel in den Rhein fließt.

Shaimaa und Ahmed, beide 30 Jahre, leben seit dem Jahr 2017 in Ehrenbreitstein. Sie sind aus Syrien geflüchtet. Ihre Route nach Deutschland könnte man als die klassische beschreiben: Türkei, Griechenland und dann irgendwie weiter Richtung Norden Europas, die Balkanroute eben.

Mit 25 Jahren verließen sie Damaskus. Das war 2014. Ein Jahr später versuchten mehr als eine Million Menschen über das Mittelmeer nach Europa zu kommen.

Die Flucht

Im Jahr 2011 begann der Bürgerkrieg in Syrien. Bis 2014 blieb Ahmed noch in seiner Heimatstadt, dann floh er in die Türkei. Shaimaa folgte ihm einige Monate später.
In der Türkei heirateten die beiden. Shaimaas Vater hätte wohl ohne die Flucht nie sein Ja zur Hochzeit gegeben, grinst Ahmed verlegen. Fast ein Jahr blieben sie dort, dann zogen sie weiter.
„Wir sind mit dem Boot übergesetzt", sagt Shaimaa. Sie kann schwimmen, Ahmed nicht.
„Im Schlauchboot, ich war im siebten Monat schwanger", ergänzt sie.

Auf dem Fernseher ihrer Wohnzimmerwand läuft eine Kindersendung über Meerschweinchen und ihr jüngster Sohn springt unruhig auf dem Sofa rum.
„Wie ging es weiter?"
„Zu Fuß. Manchmal im Taxi. Als Schwangere kann man nicht so viel gehen." *Als Schwangere kann man nicht so viel gehen*, in einem anderen Kontext, klingt der Satz wie eine Tatsache, die sich aus sich selbst erschließt. In Shai-

127

Das Leben dort gibt es nicht mehr. Es liegt zwischen Trümmern und kaputten Häusern.

maas Kontext fühlt sich der Satz unmenschlich, roh an. Sie legt die Hand auf ihren Bauch, der kugelrund ist Sie hofft, es werde ein Mädchen. „Töchter werden die Freundinnen der Mütter. Das ist ein syrisches Sprichwort", sagt Shaimaa.

Als sie damals in Deutschland ankamen, musste sie sofort ins Krankenhaus. Sie hatte starke Schmerzen, die Ärzte meinten, das liege am Stress und den Anstrengungen der Flucht. Ihr erstes Kind kam dann aber nicht zu früh auf die Welt, sie lächelt.

Warteschleifen

Wenn Shaimaa von der Flucht erzählt, spricht sie nüchtern, als läge das Vergangene in weiter Ferne. Hin und wieder hält sie inne, lächelt verlegen. Doch zwischen ihren Worten fühlt man den Schmerz, die Angst, den Krieg. Ich sitze auf der Couch in ihrem Wohnzimmer und vor mir steht ein Glas Wasser auf einem Silbertablett.

Ahmed sagt, er würde gerne sein Studium fortsetzen. In Damaskus haben er und Shaimaa Mathematik studiert. Der jetzige Zustand sei ein Leben in Warteschleife. Aber er brauche noch das Deutschexamen und dann sind da mittlerweile die zwei Kinder, das Dritte kommt bald. In Syrien sähe ihr Leben anders aus, aber das Leben dort gibt es nicht mehr. Es liegt zwischen Trümmern und kaputten Häusern.

Ich halte inne, weiß nicht, was ich fragen soll, was ich fragen darf. Ob ich nicht etwas von dem arabischen Gebäck wolle, fragt mich hingegen Shaimaa. Ich nehme mir ein Stück, eine Baklava-Variante, Walnüsse und viel Süße. Ihr älterer Sohn legt mir ein rotes Kaubonbon in die Hand. Das sei für mich. Er spricht Deutsch und Arabisch in einem Satz.
Man verstehe ihn nicht immer, sieht mich Shaimaa lächelnd an, Sprachsalat eben. Das passiert manchmal bei Kindern, die bilingual aufwachsen. Die beiden Sprachen wachsen zusammen, irgendwann trennen sie sich. Der Junge lächelt mich auffordernd an.

Ahmed sagt, es wäre gut, wenn man den ganzen Tag arbeiten könnte. Dann denke man nicht so viel. Aber arbeiten dürfen sie noch nicht. Praktika haben beide schon gemacht. Shaimaa in einer IT-Firma, das hat ihr gefallen, ihr gutgetan.

Das viele Denken hingegen zermürbe, sagt Ahmed. Die Erinnerungen, die dann kommen und nicht gehen wollen. Ob es in Ordnung sei, wenn er eine Zigarette rauche, fragt er mich. Er setzt sich an die Balkontür und atmet langsam den Rauch aus.

„Habt ihr noch Familie in Syrien?"
Ja, Ahmeds Eltern, in Idlib. Shaimaas Eltern und ihre Schwestern leben auch in Deutschland. Ahmed rufe seine Eltern nicht gerne an, sagt er. Also am liebsten würde er jeden Tag anrufen. Doch wenn er höre, dass die Lebensmittelpreise so teuer sind und sie nicht wissen, wie sie überleben können, dann schmerze das Anrufen nur.
Ich nicke stumm und sehe dem Zigarettenqualm zu, der zur Zimmerdecke aufsteigt. Dann versenkt Ahmed die Zigarette in einem Erhard-Aschenbecher. Das metallene Geräusch der rotierenden Drehscheibe erklingt und wir sehen uns schweigend an.

Das Leben in Ehrenbreitstein

„Könnt oder wollt ihr Ehrenbreitstein Heimat nennen?"
„Es gibt positive und negative Aspekte an der neuen Heimat", sagt Ahmed nachdenklich, „doch zuerst: Die alte Heimat, die gibt es ja so nicht mehr."
„Die ist verloren", sage ich.
„Deutschland war von Syrien aus gesehen wie ein Traum."

Wer nach Deutschland komme, dem stehen große Möglichkeiten zu, so dachte man.
Und jetzt?
Das Bild mancher Europäer:innen von Syrien zeichnet Menschen in Lehmhütten und ohne Infrastruktur.
„Wir haben wunderbare Kulturstätten gehabt, Hunderte sind vom Krieg zerstört", dann schweigt er einen Moment.

In Deutschland gebe es viel Bürokratie. Das sei gut, sagt Ahmed, aber auch kompliziert. In Deutschland könne man ohne Angst leben. Aber Deutschland sei auch einsam. Die Nachbarn, die kenne man nicht. Man lebe weniger miteinander, man lebe zurückgezogener. In Syrien ginge man ganz unverbindlich zum Freund nach der Arbeit. Hier mache man Termine.

Aber es gehe ihnen hier gut, sie seien zufrieden, sagt er und sieht zu Shaimaa rüber. An die neuen Strukturen müsse man sich gewöhnen, das braucht Zeit. Ahmed hat deutsche Freunde, die helfen, das fremde Land zu verstehen. Das Paar ist ehrenamtlich tätig, beide unterrichten Mathematik und nähen Masken in einer Näherei in Braubach. Sie besuchen Deutschkurse und den Runden Tisch für Geflüchtete in Lahnstein.

Trotzdem fehlt ihnen der soziale Halt, den sie in Syrien hatten. Die Kinder würden sie hier nicht einfach zum Spielen auf die Straße schicken.

Limonenbaum

„Kennst du diese alten syrischen Häuser?", fragt Shaimaa mich. Von außen unscheinbar, einfach ein Straßenblock. Innen ein pittoreskes Paradies aus verzierten Torbögen, Brunnen, Gärten und einem Fliesenmosaik. Wie bei Tausendundeine Nacht. In so einem Block wohnt oft die ganze Familie.
„Alle passen gemeinsam auf die Kinder auf", sagt sie.
„Du wohnst inmitten von Damaskus und kannst gleichzeitig deine Kinder zum Spielen auf die Straße schicken", lächelt Ahmed mich an.
„Anhand des Limonenbaumes wusste ich genau, welche Uhrzeit wir hatten und ob es bald Essen geben würde." Shaimaas Mutter zeigte ihr, wie sie das Sonnenlicht und den Schatten zu deuten hatte.

Naika Foroutan schreibt in „Heimat. Erde. Migration.":
„Die Frage der Zugehörigkeit ist bei der Beschreibung von Heimat ein zentrales Element. Sie betrifft in besonderem Maße – aber nicht nur – Personen mit Migrations-

hintergrund, da im Verlassen eines nationalen oder kulturellen Raumes und mit dem Betreten eines neuen bereits unterschiedliche Referenzsysteme von Heimat aufeinandertreffen: alte Heimat auf neue Heimat, Vergangenheit auf Gegenwart der Zugehörigkeit, zukünftige auf fehlende Heimat." [33]

Man steckt ab, orientiert sich neu, versucht sich zu identifizieren. Für ein unreflektiertes Außen mag das kein Problem sein, „sich mal schnell zu integrieren" und deutsch – was auch immer das sein mag – zu werden.
Für die Menschen selbst ist es oft ein ständiges Neuverhandeln der eigenen Heimatidentitäten. Das Neuverhandeln und Ankommen wird erschwert durch Rassismus, verzerrte Islambilder und offenen Anfeindungen.
Als Shaimaa ihre Schwestern in München besuchte, die dort untergebracht wurden, beschimpfte eine Frau sie wegen ihres Kopftuchs.
„Mir ist es doch auch egal, wenn jemand bis zum Kinn tätowiert ist", sagt Shaimaa.
„Das sind Menschen, die wollen nicht so viel wissen", zuckt Ahmed die Schultern. Trotzdem brennen sich diese Momente ein, denke ich, verhindern das Ankommen.

Ich solle noch ein bisschen bleiben, soll die arabische Küche probieren.
„Ahmed weiß mehr übers Kochen als ich", lächelt Shaimaa ihren Mann sanft an. Auf dem Balkon trocknen gerade Paprika in der Sonne und ich probiere eingelegte Auberginen in einem essig-süßen Saft.

Alte Heimat auf neue Heimat, Vergangenheit auf Gegenwart der Zugehörigkeit, zukünftige auf fehlende Heimat.

Heimatanerkennung

Ob Delmy und Fabian oder Shaimaa und Ahmed und all die anderen Menschen mit anderen Herkunftsländern wirklich in Deutschland ankommen, Lahnstein oder Ehrenbreitstein als ihre Heimat empfinden, hat letztlich viel mit uns, unserer Gesellschaft zu tun.

Ich teile Naika Foroutans Ansicht, wenn sie schreibt, dass wir neue Formen der Heimatanerkennung brauchen: „Neben den etablierten Heimaterzählungen von Wurzeln, samt Natur und Vergangenheit, und den lapidaren Beschreibungen von Wohnen und Familie – also neben Selbstverständlichkeit und Sicherheit – müssen wir noch mal genauer auf die Sehnsucht hören. Was verbirgt sich dahinter? Sehnsucht wonach?
Wenn Anerkennung verwehrt bleibt, entsteht multiple Heimatlosigkeit – denn ein großer Teil derjenigen, die hier leben, hat sich dieses Land zur neuen Heimat auserkoren. Es wird Zeit, dies zu lernen." [34]

Es ist unsere Aufgabe, die der „weißen Dominanzgesellschaft", die Neuangekommenen, aber auch diejenigen, die hier schon länger leben und andere Herkunftsländer haben, nach ihren Bedürfnissen, ihren Sehnsüchten in unserer Gesellschaft zu fragen. Diese ernst zu nehmen. Und vor allem: sie umzusetzen.
Dann erst dann kann ein Ankommen, ein gemeinsam Wachsen geschehen, erst dann.

Heimatsommer

Meine Zeit auf der Burg naht sich dem Ende. Es war ein reicher Sommer, der mich nachdenklich gemacht hat, mir wunderbare Gespräche brachte hat und mir die Antwort nach einem Zugeständnis gab.

Die Schlüssel des petrolgrünen Tors werde ich bald abgeben. Es ist das zweite Mal, dass ich sie zurückgebe. Am Ende der Zeit als Burgenbloggerin hatte ich das Gefühl noch nicht fertig zu sein, meinen Job nicht ganz erledigt zu haben, vielleicht wollte ich auch nicht loslassen. Die Schlüssel zurückzugeben fiel mir damals schwer. Nun fühlt es sich richtig an.

Sabine und Steffen Wulf | Weisel
Die Zufriedenen

Es ist ein Samstagabend Anfang Januar 2021 und ich sitze an meinem Laptop. Zoom läuft.
Mittlerweile ist das blaue Icon, das vorher recht unbekannt war, zum Alltagsbegleiter geworden. Das Video-Konferenz-Tool ist der Corona-konforme Meeting-Raum.

Eigentlich wollte ich Sabine und Steffen Wulf bereits Mitte September in Weisel treffen. In der 1300-Seelen-Gemeinde leben die beiden auf einem Aussiedlerhof. Es kam ein guter Erntetag dazwischen, dann erste Kontaktbeschränkungen, dann weitere Maßnahmen und schließlich ein zweiter Lockdown. Aus dem persönlichen Treffen wurde nichts. Nun sitze ich vor der Kamera meines Laptops.

Prototyp-Familie

Ich bin ein wenig aufgeregt, frage mich, wie das Gespräch wohl wird: Das persönliche Treffen mit meinen Gesprächspartner:innen ist mir wichtig. Man spürt sein Gegenüber, nimmt all die kleinen Gesten wahr, die unbewussten Handlungen, die einen Menschen ausmachen. Man teilt einen Raum, in dem der Gedankenaustausch stattfindet. All das schafft eine gemeinsame Atmosphäre. Der Mensch in 2-D auf dem Bildschirm fühlt sich dann doch weiter weg an, ist nicht ganz fassbar.

Franziska Maria ist die dreijährige Tochter der beiden. Sie sitzt in der Mitte und beginnt sofort zu erzählen. Das ist gut, denke ich, das nimmt allen die Anspannung, die dann doch über das Display zu spüren ist. Franziska erzählt, dass sie gerade Geburtstag hatte und hält entsprechend drei Finger in die Kamera. Sie erzählt, dass es eine Kuh auf dem Hof gibt, die Ella heißt, und dass es weitere Tiere gibt. Dann springt sie auf, verschwindet aus dem Sichtfeld der Kamera. Aus dem Hintergrund hört man, dass sie malen möchte.
Sabine Wulf (38) und Steffen Wulf (33) sind beide KFZ-Mechaniker:innen und Hobbylandwirte aus Leidenschaft.

Weisel ist einer der Rhein-Höhenorte auf dem Taunus und liegt rund fünf Kilometer vom Fluss entfernt. Es gibt einen Metzger und Bäcker, ein Sägewerk, Ferienwohnungen und Restaurants. Drumherum sind Wiesen und Wälder.

Meine Idee war es, eine „Prototyp"-Familie zu finden – eine junge Familie mit Kind aus der Region. Aber genau das sind die drei nicht, sondern viel mehr.

Heimat

Sabine und Steffen bewirtschaften einen Aussiedlerhof mit rund 11.000 Quadratmeter Fläche. Der Hof liegt 1,5 Kilometer vom Ortskern entfernt. „Wenn man nach einer Feier nach Hause geht, ist das natürlich lang", sagt Sabine, die sich als geselligen Typ beschreibt.

Den Aussiedlerhof haben sich die beiden gekauft, weil sie den Traum von ein wenig Landwirtschaft hatten und vielleicht, um ein eigenverantwortliches Leben zu führen. 1967 wurde der Hof als Milchviehbetrieb errichtet. „Zu der Zeit wurden landwirtschaftliche Betriebe meist außerhalb gebaut, da die Gemeinden die Landwirte mit ihren Höfen nicht so gerne im Ortskern sahen" sagt Steffen Wulf.

Heute ist es gar nicht so einfach, einen Aussiedlerhof zu kaufen, die Preise sind hoch und abseits der Gemeinden darf nur bauen, wer auch Landwirtschaft betreibt. Nach langer Suche war es dann 2015 soweit: Sie erwarben durch Zufall ihren Aussiedlerhof. Zwei Jahre und viel Renovierungsarbeiten in Eigenregie mit Hilfe von Freunden und Familie dauerte es noch bis zum Einzug. Nun haben sie ein eigenes Heizsystem, das nur mit Holz funktioniert, eine eigene Kläranlage und viel Fläche, die sie bewirtschaften.

Doch das ist nicht alles: „Wir haben hier hauptsächlich vom Aussterben bedrohte Nutztierrassen" sagt Sabine. „Einen Hund, Schafe Hühner, Kaninchen und Vogesenrind Ella, die bald Nachwuchs erwartet. Unsere Tiere sind

Haus- oder Nutztiere, die den heutigen Ansprüchen der Wirtschaftlichkeit nicht mehr entsprechen. Unsere Hühner legen im Schnitt 180 Eier im Jahr. In der Massentierhaltung legen die heutigen Hühner meist das Doppelte. Sie setzen auch weniger Fleisch an, das heißt, sie können nach vier Wochen noch laufen. Für den Markt sind diese Tiere oder Tierarten aber nicht mehr zu gebrauchen, da sie zu wenig Ertrag bringen."

„Solche Rassen sterben dann nach und nach aus", ergänzt Steffen, „die GEH führt eine sogenannte Rote Liste, auf der aussterbende Haus- und Nutztiere verzeichnet werden." Die Gesellschaft zur Erhaltung alter und gefährdeter Haustierrassen (GEH) wurde 1982 gegründet und hat sich neben dem Erhalt der Tierarten zum Ziel gemacht, die Öffentlichkeit für dieses Thema zu sensibilisieren.

„Das Konsumdenken vieler Menschen widerstrebt uns." Sabine sagt, es sei die Wertschätzung der Lebensmittel, die bei vielen fehle. „Ich weiß, dass es unserem Huhn hier gut geht. Das ist mir wichtig."

Sabine ist selbst mit Landwirtschaft groß geworden, bei Steffen spielte der Großvater eine wichtige Rolle. Sein Großvater war begeisterter Sammler von historischen Gerätschaften, die in Steffen schon früh den Wunsch nach einem eigenen Hof wachsen ließen. „Mein Opa konnte noch mit einem Ochsengespann umgehen. Das war schon zu seiner Zeit eine Besonderheit."

Neben ihrem Beruf, dem Familienleben und dem Hof engagieren sich die beiden noch in freiwilligen Ämtern und Vereinen: im Gemeinderat, bei der örtlichen freiwilligen Feuerwehr und im Verbandsgemeinderat.

Demut und Entschleunigung

„Wird das einem nicht manchmal zu viel?", frage ich.
Beide schütteln lächelnd den Kopf. Der Hof ist für sie ein Ausgleich, keine Arbeit. „Anders könne man das auch nicht managen", sagt Steffen.
Vor der Arbeit schaut er nach den Tieren und nach der Arbeit geht er auch erst einmal in den Stall. Man richtet sich nach Wind und Wetter sowie nach den Bedürfnissen

Demut in einer Welt, in der wir uns selbst so wichtig nehmen, macht das Leben leichter.

der Tiere. Das mache einen gelassener, finden beide. Auf dem Hof gibt es keine Uhrzeit und keine Termine, die den Rhythmus vorgeben. Dieser Rhythmus ist das Gegenteil zu ihrem Job, wenn Maschinen, Motoren und Kunden den Takt bestimmen.

„Man lernt viel von den Tieren, denn die funktionieren eben nicht wie Maschinen", sagt Steffen, „Und man merkt, wie abhängig der Mensch von der Natur ist. Vielleicht ist es Demut, die man da draußen lernt."

Gerade durch das Corona Virus erleben wir wieder unsere Verletzlichkeit, denke ich. Wir erleben, was passiert, wenn wir weiterhin gegen die Natur leben statt mit ihr. Demut in einer Welt, in der wir uns selbst so wichtig nehmen, macht das Leben leichter.

Steffen mäht im Sommer das Futter für die Kaninchen mit der Sense – „das ist ein meditativer Moment. Und man tut was mit den Händen."
Die beiden begeistern – immer wieder möchte ich schreiben, dass Sabine und Steffen das leben, was in sämtlichen Lebensratgebern zu einem sinnvollen Leben steht: mit den Händen arbeiten, mit der Natur leben, im Einklang sein. Aber hinter all dem steckt neben Herzblut eben auch viel Arbeit, die in den Ratgebern gerne heruntergespielt oder romantisiert wird. Doch die beiden scheinen glücklich, ausgeglichen, in sich ruhend.
„Der Hof bedeutet Entschleunigung. Er ist ein Ruhepol, der Zeitdruck ist raus. Auch wenn einem manchmal die Zeit wegläuft. Hier gibt es keinen festen Tagesablauf", lacht Steffen.
„Wenn ein Mensch gestresst ist, spürt das auch das Tier", fügt Sabine hinzu. „Dann funktioniert ohnehin nichts wie geplant. Man muss sich in Geduld üben."
„Wenn man den Wind durch den Wald rauschen hört, der 20 Meter vom Hof entfernt beginnt, ist es, als sei man am Meer", fügt sie lächelnd hinzu. „Und der Mond scheint so hell, da es kaum Lichter drumherum gibt." Das, was sie sagen, hört sich nach einem wunderbaren Ort an, einem schönen Ort, um aufzuwachsen.

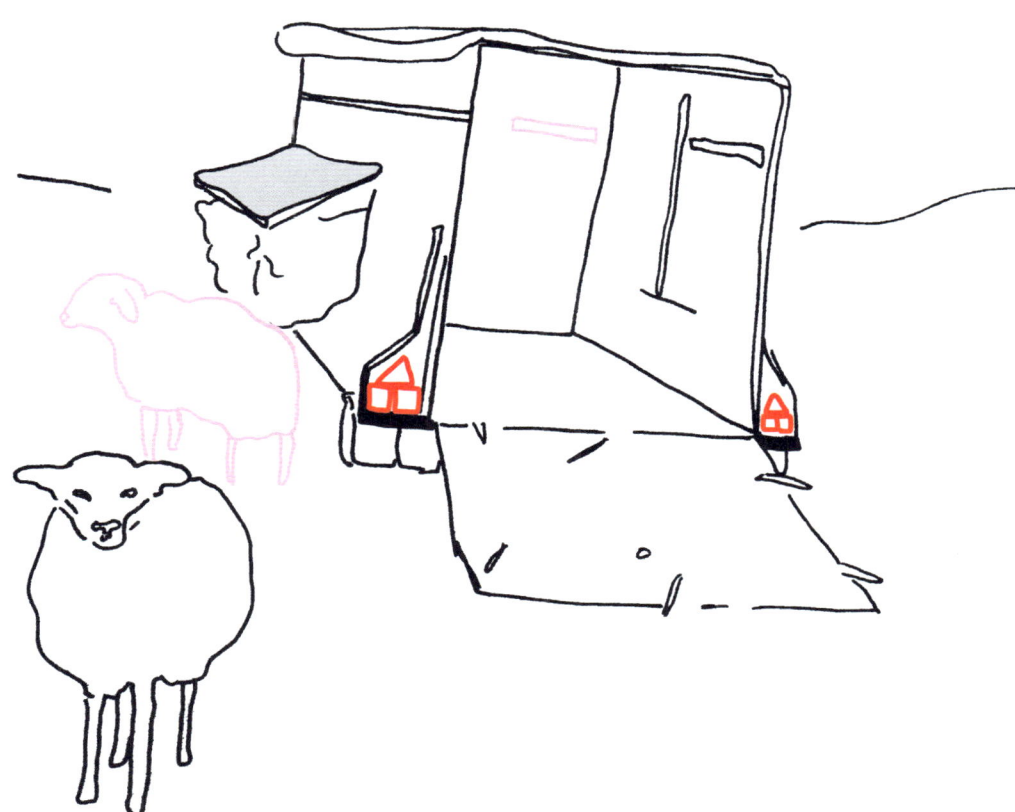

„Es ist schon unsere Idee, all das auch an Franziska weitergeben zu können", sagt Sabine, „sie an die Natur her-
anzuführen, mit Tieren groß zu werden."
In dem Moment denke ich, dass ich nun gerne durch die
Zoom-Verbindung hindurch auf ihren Hof kommen würde, um all das in echt zu sehen und blicke über meinen
Laptop auf das dunkle Fenster, in dem sich mein Raum
spiegelt.

Und Heimat?

„Heimat sind vor allem meine Erinnerungen. An meinen
Großvater und die ganz frühen Erinnerungen, als mein
Vater mit mir zu den Feldern fahren musste, damit ich
die Mähdrescher bei ihrer Arbeit beobachten konnte.
Heimat hat für mich nichts mit einem Ort zu tun. Der
Aussiedlerhof könnte auch ganz woanders liegen", lächelt Steffen. Er beschreibt sich als impulsiven Typen
mit vielen Plänen, für den die Zeit nie ausreicht, um alles
umzusetzen. Die Erinnerungen, die für ihn Heimat ausmachen, nehme er schließlich überall hin mit. „Heimat
hat mehr mit den Menschen am Ort zu tun als mit der
geografischen Lage. Mit 20 Jahren bin ich von zu Hause
ausgezogen und hatte nicht das Bedürfnis, nach Bogel
zurückzukehren." Sein Herkunftsort Bogel liegt allerdings auch nur 13 Kilometer von Weisel entfernt, für Sabine sind es nach Seelbach etwa 30 Kilometer.

Als ich Sabine zu Beginn unseres Gesprächs frage, was
für sie Heimat bedeute, zuckt sie lächelnd mit den
Schultern. „Das weiß ich nicht. Also hier auf dem Hof
bin ich zu Hause. Da, wo ich herkomme, bin ich daheim."
Als wir über ihr Haus sprechen, erzählt sie schließlich:
„Das Erste, was im Haus fertig wurde, waren die Fens-
terbänke. Mein Papa hebt das Holz von schönen Bäumen auf und lässt es aufschneiden. Steffens Bruder ist
Schreiner und machte aus einigen Brettern die Fenster-
bänke. Unsere sind aus Seelbacher Eiche. So haben wir
ein Stück ‚Daheim' im Zuhause."

Dann fragt sie mich, warum ich mich auf die Suche gemacht habe, ich erkläre ihr von meiner Verlorenheit und

dass ich mich, obwohl es so seltsam klingen mag, im Mittelrheintal und als Geschichtensammlerin, als schreibende Person, sehr heimisch gefühlt habe.

Sabine lächelt und sagt:
„Heimat ist der Ort, an dem man man selbst sein kann. Sich am meisten spürt. Das kann überall sein."

Heimat ist der Ort, an dem man man selbst sein kann. Sich am meisten spürt. Das kann überall sein.

Das versteckte Lied
auf der Platte

Ob ich nach all den Gesprächen sagen kann, was Heimat bedeutet?

Ja und nein. Ohne Weiteres könnte ich weitermachen, mit mehr und mehr Menschen sprechen, ihre Gedanken und Bilder sammeln.

Stets wird es Schnittmengen geben und gleichzeitig werden immer einzigartige, ganz individuelle Ansichten zum Heimatbegriff daneben stehen, sie erweitern. Heimat ist ein ständig wachsendes Bild aus Millionen Mosaikstückchen. Heimat kann ganz banal sein und gleichzeitig kann Heimat emotional, philosophisch, poetisch sein. All das macht Heimat zu einem besonderen Begriff mit einer wunderbaren Tragkraft.

Ein Jahr ist nun seit dem Beginn meiner Recherche vergangen. Ich habe das Gefühl, mehr bei mir selbst angekommen zu sein. Für mich habe ich herausgefunden, dass Wind und Wasser Heimat sind. Als poetisches Sinnbild und als Zugeständnis. Ich möchte nach Ortelsburg in die Masuren fahren. Wenn man wieder befreit reisen darf, will ich sehen, wo meine Oma aufgewachsen ist.
    Mit dem Beginn meiner Recherche kam eine Pandemie. Sie hat unsere Welt verändert und wird sie weiterhin verändern. Auch sie hat Einflüsse darauf, wie wir unsere Heimat sehen und wie wir sie gestalten.

Die Suche nach Heimat gleicht auch ein wenig dem Einstieg in einen Fluss: Das, was uns umgibt ist Wasser. Und dieses spült uns gleichzeitig an hunderte von Orten mit all ihren Geschichten.
    Und so komme ich letztlich zum Mittelrheintal mit seinen Bewohner:innen.

Das Tal

Das Mittelrheintal ist mir in dieser Zeit und mit den Gesprächen weiter ans Herz gewachsen. Jedes Mal, wenn ich die Erhebungen von Hunsrück und Taunus sehe, die Weinberge, die Schieferhänge, dann muss ich lächeln, ich bin berührt. Es sind die Weite und die Lebendigkeit, die ich mit dem Tal verbinde.

Es ist März 2021 und es ist Zeit aufzuhören. Eine Möwe kreischt über den Dächern der Mainzer Neustadt und meine Zimmerlampe ist immer noch ein Geflecht aus Schnüren. Ich glaube, es wird Zeit sie zu sortieren.

Appendix
& Addendum

Spaziergangswissenschaften — ein Experiment

Nietzsche: „Man soll keinem Gedanken Glauben schenken, der nicht im Freien geboren wurde. Das Sitzfleisch ist die größte Sünde der Menschheit."

Der Spaziergangsforscher und Stadtplaner Bertram Weishaar sagt: „Gehen ist das richtige Tempo zum Denken. Nicht umsonst haben das die alten Griechen getan und auch moderne Kreativ-Büros gehen mit ihren Mitarbeitern spazieren, um auf neue Gedanken zu kommen. Je länger man geht, desto mehr verschwinden die Gedanken. Der Kopf ist leer und man ist nur noch das pure Sein, statt sich gedanklich irgendwo anders zu befinden. Spaziergänge kann man als Struktur in den Alltag einbauen. Kant ging denselben Spaziergang immer zur selben Zeit." [35]

Ich laufe los im Selbstversuch, das Morgental bei Trechtingshausen

Erkenntnisse

a) Manchmal hilft einfach weitergehen. (Funktioniert mit Sicherheit für viele Lebenslagen)

b) Verlaufen geht schneller, als man denkt. Wortwörtlich. (Bezieht sich auch auf fast alle Lebensbereiche.)

c) Auf einmal war der Weg wieder da.

Weitere Erkenntnisse, wild zusammengeschrieben:
Der Hunsrück-Wald im Morgenbachtal erinnert mich gerade an einen Pinienwald. Es ist Anfang April 2020, die meisten Bäume beginnen zu knospen. Manche haben schon zarte, kleine Blätter, doch das meiste ist kahl. Bis auf die Nadelbäume, die für meine Pinienwald-Assoziation verantwortlich sind.
Vogelgezwitscher kann sehr laut sein. Wenn man sich drauf konzentriert, wird es noch lauter.

Einfach draufloszugehen, macht frei. Warum vergessen wir das so oft?

Oder bin nur ich diejenige, die das immer wieder vergisst?
Sind es unsere Gewohnheiten, die uns träge machen?

Nicht nur die Landschaft ist voller Kontraste – auch man selbst. Was wäre das gute, positive Ich ohne seinen pessimistisch zynisch nörgelten Antagonisten? Der Kritiker ohne den Kopflos-Begeisterten?

Manchmal wundere ich mich, ob mich die Extreme zerreißen können. Aber irgendwie schaffe ich es doch, alles zusammenzuhalten, der menschliche Geist ist ein Wunder.

Als ich den Weg wiederfinde, bleibe ich einfach zehn Minuten an der Gabelung stehen und freue mich. Verlass dich einfach auf dich selbst und aufs Gehen, denke ich, auf das, was kommt. „Im Zweifel für den Zweifel, das Zaudern und den Zorn, Im Zweifel fürs Zerreißen der eigenen Uniform." Die Zeilen Tocotronics laufen durch meine Gedanken, passend, wie vorbereitet für diese Momente.

Später und zurück am Rhein:

Bordsteine und zwitschernde Vögel, der Campingplatz ist verlassen. Nur die Wohnwagen der Dauercamper stehen dort, fest installiert – für die Ewigkeit.

Ich sitze gerne auf Bordsteinen, ich dachte das hört irgendwann auf. Ich mag sie wegen ihrer vermeintlichen Urbanität, verbinde sie mit Cola Dosen, pinken Chupa-Chups-Lutschern und coolen Jungs auf Skateboards.

Bordsteine fühlen sich im Frühling nach Freiheit und jugendlichem Unsinn an, was mal Synonyme waren.

Bleibt das Gefühl ein Leben lang? Oder wird es irgendwann verschwinden?

Ein Vogel, den ich nicht zu bestimmen vermag, zwitschert laut über mir.

„Du bist verdammt laut", sage ich, „nachdenken funktioniert dann weniger gut."

Aus Protest oder weil es ihm einfach egal ist, zwitschert er noch lauter.

„Alles klar", sage ich und höre ihm zu, während ich mir die bunten Graffiti auf den Wänden des Bahnübergangs ansehe.

NR.	QUELLE	SEITE
1.	Kursbuch 198, „Heimatt", Verlag: Kursbuch Kulturstiftung gGmbH (Deutschland), Hamburg, S.113, Naika Foroutan „Heimat. Erde. Migration." Mein kulturelles Code-Switching, Zitat: (S. 113, 114), 2019	10
2.	Saša Stanišić, Herkunft, Luchterhand Literaturverlag, München, in der Verlagsgruppe Random House GmbH, 10. Auflage, S. 64	13
3.	Saša Stanišić, Herkunft, Luchterhand Literaturverlag, München, in der Verlagsgruppe Random House GmbH, 10. Auflage, S. 32 – 33	17
4.	Saša Stanišić, Herkunft, Luchterhand Literaturverlag, München, in der Verlagsgruppe Random House GmbH, 10. Auflage, S.182	18
5.	Zuhause, Die Suche nach dem Ort, an dem wir leben wollen, Daniel Schreiber, Suhrkamp, suhrkamp taschenbuch, erste Auflage 2018	20
6.	Daughter, Candles,	20
7.	Zuhause, Die Suche nach dem Ort, an dem wir leben wollen, Daniel Schreiber, Suhrkamp, suhrkamp taschenbuch, erste Auflage 2018, S.49	25
8.	TED Talk, Die revolutionäre Macht von Meinungsvielfalt, Elif Shafak https://www.ted.com/talks/elif_shafak_the_revolutionary_power_of_diverse_thought?language=de	33
9.	Kursbuch 198, „Heimatt", Verlag: Kursbuch Kulturstiftung gGmbH (Deutschland), Hamburg, Dirk von Gehlen „Heimat hacken", S. 77	34
10.	https://www.planet-wissen.de/geschichte/deutsche_geschichte/geschichte_der_dialekte/	38
11.	https://live0.zeit.de/infografik/2019/Vermaechtnis-Studie_Broschuere_2019.pdf	44
12.	Hermann Hesse, Stufen, Ausgewählte Gedichte, Bibliothek Suhrkamp, Verlag Suhrkamp, 28. Auflage, 12.11.1972	51
13.	https://de.wikipedia.org/wiki/T%C3%BCrkeist%C3%A4mmige_in_Deutschland#cite_note-statista-Tuerken-in-D-01-18-10 https://de.statista.com/statistik/daten/studie/152911/umfrage/tuerken-in-deutschland-seit-2001/	52
14.	Juli Zeh, Unter Leuten, btb Verlag in der Verlagsgruppe Random House GmbH, München. 12. Auflage, S.15	61
15.	Zuhause , Die Suche nach dem Ort, an dem wir leben wollen, Daniel Schreiber, Suhrkamp, suhrkamp taschenbuch, erste Auflage 2018, S.12	64
16.	Fluter: https://www.fluter.de/haus-erben-deutschland-generation	69

NR.	QUELLE	SEITE
17.	Süddeutsche: *https://www.sueddeutsche.de/leben/moderne-sammelwut-wenn-besitz-zur-last-wird-1.1089089*	69
18.	Zeit: *https://www.zeit.de/zeit-magazin/leben/2020-05/aufraeumen-ausmisten-entruempeln-erinnerungen-marie-kondo/komplettansicht*	70
19.	Zuhause, Die Suche nach dem Ort, an dem wir leben wollen, Daniel Schreiber, Suhrkamp, suhrkamp taschenbuch, erste Auflage 2018, S.15	74
20.	Margarete Stokowski – Essay „Sprache", Eure Heimat ist unser Albtraum, Hrsg. Fatma Aydemir, Hengameh Yaghoobifarah, Ullstein Buchverlag GmbH, Berlin, 5. Auflage 2019, S. 151	80
21.	Zuhause, Die Suche nach dem Ort, an dem wir leben wollen, Daniel Schreiber, Suhrkamp, suhrkamp taschenbuch, erste Auflage 2018, S.30	80
22.	Zuhause, Die Suche nach dem Ort, an dem wir leben wollen, Daniel Schreiber, Suhrkamp, suhrkamp taschenbuch, erste Auflage 2018, S.19	82
23.	Georg Ringsgwandl – Nix Mitnehma	88
24.	*https://www.zeit.de/wissen/2020-08/stoizismus-william-irvine-philosophie-pandemie-glueck-stoa*	89
25.	*https://www.zeit.de/2014/09/andres-salomon-weit-vom-stamm-sachbuch*	89
26.	John Mayall – Room to Move	90
27.	„Le Rhin" von Victor Hugo	100
28.	„Le Rhin" von Victor Hugo	101
29.	Zuhause, Die Suche nach dem Ort, an dem wir leben wollen, Daniel Schreiber, Suhrkamp, suhrkamp taschenbuch, erste Auflage 2018, S.39	102
30.	*https://musikguru.de/ougenweide/songtext-bald-anders-610543.html*	113
31.	*https://www.uno-fluechtlingshilfe.de/informieren/fluechtlingszahlen*	119
32.	*https://www.bpb.de/internationales/amerika/lateinamerika/44868/geschichte*	120
33.	Kursbuch 198, „Heimatt", Verlag: Kursbuch Kulturstiftung gGmbH (Deutschland), Hamburg, Naika Foroutan „Heimat. Erde. Migration.", S. 117	133
34.	Kursbuch 198, „Heimatt", Verlag: Kursbuch Kulturstiftung gGmbH (Deutschland), Hamburg, Naika Foroutan „Heimat. Erde. Migration.", S. 123	134
35.	*https://www.zeit.de/zeit-magazin/leben/2020-04/spaziergang-social-distancing-ausgangsbeschraenkung-freiheit-langeweile*	149